CAHIER DU JOUR
CAHIER DU SOIR

W0208895

Français
4e

Florence Randanne
Stéphane Devin
Sophie Dubus

Professeurs de Français

MAGNARD

Illustration de couverture : Vanyda
Illustration intérieure : Jean-Luc Guérin

Réalisation : Typo-Virgule

www.magnard.fr

Achevé d'imprimer en décembre 2012 Italie par «La Tipografica Varese S.p.A.»
Dépôt légal : janvier 2010 – N° éditeur : 2011-2922

SOMMAIRE

Les corrigés détachables se trouvent au centre de l'ouvrage.

LE MOT

LA PHRASE

LE TEXTE

LES DIFFICULTÉS ORTHOGRAPHIQUES

ANNEXES

1 Le nom

Observer et retenir

■ Le **nom** est le **noyau** du groupe nominal (G.N.) : des **lunettes** noires.
Il est généralement précédé d'un déterminant : **cet** ordinateur, **le** poney, **du** gâteau.
Il désigne des êtres, des choses, des idées, des actions. On distingue :
- les noms **propres** (Toulouse) ou **communs** (des violettes) ;
- les noms **animés** (le technicien) ou **inanimés** (ce rouleau) ;
- les noms **concrets** (un artichaut) ou **abstraits** (la vertu) ;
- les noms **masculins** (le stade) ou **féminins** (la piscine) ;
- les noms **dénombrables** (des tartes) ou **non dénombrables** (du beurre) ;
- les noms **collectifs** (un troupeau) ;
- les noms **composés** (un arc-en-ciel) ou **simples** (un arc).

■ Lorsqu'on reformule un texte ou que l'on veut donner plus de relief à une expression, on peut transformer en nom un mot d'une autre nature, auquel on a ajouté un **déterminant**. On parle alors de **substantivation** :
- un adjectif : **le** beau, **le** rouge ;
- un mot invariable : **le** pourquoi, **le** comment ;
- un infinitif : **le** coucher, **le** lever ;
- un participe : **le** sucré, **les** faits ;
- une proposition : **le** qu'en-dira-t-on.

■ On peut aussi remplacer toute une proposition par un **groupe nominal**. Cette transformation, appelée **nominalisation**, se fait à partir :
- d'un verbe : les lumières **s'éteignent** → **l'extinction** des lumières ;
- d'un adjectif : Nous apprécions qu'il soit **aimable**. → Nous apprécions son **amabilité**.

■ Un nom qui peut se substituer à plusieurs autres noms parce qu'il possède un sens qui englobe tous les autres est un **nom générique**. Il rassemble tout un ensemble de choses ou de personnes sous une même catégorie.

Exemple : siège → fauteuil, chaise, tabouret

Appliquer

1 Pour chaque ensemble de noms, proposez le nom générique qui convient.

Exemple : manuel, dictionnaire, opuscule, volume, recueil } livre

1. puceron, cafard, fourmi, mouche, papillon } insecte

2. saucisson, pâté, salami, andouille, jambon } Charcuterie

3. château, taudis, baraque, immeuble, villa } Habitation

2 Classez les noms suivants dans le tableau et indiquez dans la première ligne un nom générique qui les réunit.

massue – vaurien – chou – revolver – paquebot – religieuse – vache – clafoutis – épée – chalutier – couteau – cheval – far – dauphin – canot – baleine

Armes	Bateaux	Animaux	Nourritures
revolver	Paquebot	cheval	Religieuse
massue	chalutier	dauphin	chou
épée	canot	baleine	clafoutis
Couteau	far	vache	vaurien

3 À quelles catégories appartient chacun des mots suivants ?

Exemple : hémisphère → nom commun masculin concret inanimé dénombrable.

1. extraterrestre → ......
2. stupéfaction → ......
3. putois → ......
4. justice → ......
5. famille → ......

4 Substantivez les mots qui vous sont proposés et créez une phrase pour chacun d'eux.

Exemple : sucré → Mon chien déteste le sucré.

1. noir → Mon crayon est noir
2. passant → J'ai vu une souris passant devant moi.
3. pourquoi → Pourquoi tu parle de ça ?
4. devoir → Je dois faire devoir
5. imprudent → Tu es imprudent de te promener toute la nuit seul

5 Procédez à la nominalisation des propositions suivantes.

Exemple : L'équipe des Chicago Bulls est supérieure. → Supériorité de l'équipe des Chicago Bulls.

1. L'eau de la piscine est sérieusement polluée. ......
2. La banque a été attaquée par trois vieillards masqués. ......
3. Aujourd'hui, on lave les voitures gratuitement ! ......
4. Notre établissement est connecté à Internet. ......
5. Ta chambre a été inondée. ......
6. Le match de tennis a été bref. ......
7. Les ligaments ont rompu ! ......
8. Les hostilités ont repris en Moldavie. ......
9. Le Brésil échoue en finale. ......

6 Un intrus s'est glissé dans chaque liste de noms : retrouvez-le et précisez pourquoi vous le distinguez des autres.

1. le beau – le bien – le mal – le passé – la vérité – les faits. ......
2. un croque-monsieur – un lave-vaisselle – un sèche-linge – un tire-bouchon – un chef-lieu. ......
3. des pâtes – du chou – du vin – de la crème – des cailloux – du sable. ......
4. un voyou – un trou – un genou – un gnou – un fou – un matou. ......
5. le parfum – la rose – la table – le savon – la recherche – le nez – le flacon. ......
6. la douceur – la mollesse – la rugosité – la verdeur – la blancheur – la réalisation. ......
7. l'allégresse – l'extinction – la réflexion – la participation – l'interdiction. ......

7 Transformez les phrases suivantes afin de remplacer les verbes soulignés par un infinitif substantivé ou un nom.

Exemple : Viens voir le soleil se coucher. → Viens voir le coucher du soleil.

1. J'adore me promener dans mon jardin quand le soleil se lève. ......
2. Peux-tu m'indiquer comment on prépare les tartelettes amandines ? ......
3. Marion ignorait que vous veniez dimanche. ......
4. J'ai longtemps regardé les cyclistes qui circulaient sur le boulevard. ......
5. Lorsqu'on touche ce tissu, cela procure une sensation très agréable. ......
6. Les ouvriers s'interrogent : « Que deviendra notre entreprise après cet incendie ? » ......

2 Les déterminants du nom : articles et adjectifs

Observer et retenir

■ Les **déterminants** appartiennent au groupe nominal. Ils introduisent le nom noyau et s'accordent en genre et en nombre avec lui. Ils sont soit **définis** par le contexte (**Ex. :** Il a lu un livre. **Ce** livre était un roman) ou la situation d'énonciation (**Ex. :** Papa, tu me donnes **ton** stylo ?), soit **indéfinis** lorsqu'ils représentent un être ou une chose non identifiable avec précision (**Ex. :** **Il** était une fois un monstre velu...).

■ Parmi les déterminants, on trouve :

• **Les articles :**
- **indéfinis :** un, une, des.
- **définis :** le, la, les.

Attention ▶ L'article défini peut également précéder un nom connu : par l'expérience commune (**la** pluie), par son unicité (**l'**univers), dans un sens général (**Le** lion est le roi des animaux.).

- **partitifs :** du, de, l', de la, des.

L'article partitif désigne la partie d'un tout, une quantité indéterminée. (Désirez-vous **du** gâteau ?)

• **Les adjectifs :**
- **possessifs :** mon, ton, son, mes, leur, leurs, etc.
- **démonstratifs :** ce, cet, cette, ces.
- **démonstratifs composés :** ce...-ci, ces...-là.
- **indéfinis :** tout(e), toute(s), même, chaque, autre, plusieurs, quelques, divers, etc.
- **interrogatifs :** quel, quels, quelle, quelles.
- **exclamatifs :** quel, quels, quelle, quelles.
- **numéraux cardinaux :** un, deux, cinq, mille, etc.
- **numéraux ordinaux :** premier, second, deuxième, huitième, etc.

Appliquer

1 Soulignez les déterminants et indiquez au-dessous leur nature.

1. Un jour, pendant les vacances, nous sommes allés sur la plage de Berck. Cette journée était ensoleillée, mais quel vent ! Plusieurs cerfs-volants décoraient le ciel de leurs mille couleurs. Ce spectacle était magnifique.

2. Pour Halloween, mon oncle a acheté une grosse citrouille et quelques déguisements.

S'entraîner

2 a. Complétez les phrases suivantes à l'aide des déterminants suivants.

sa – ta – quelque – six – la – du – le – son – autres – une

1. « Elle reprit ______ marche le long ______ chemin. »
2. « Jamais elle n'avait vu ______ aussi jolie maison. »
3. « J'entends ______ voix, tu parles dans l'air. »
4. « ______ sac la gênait, et elle décida de le cacher ______ part pour le prendre plus tard. »
5. « Comme les ______ jours, Lullaby prit ______ chemin des contrebandiers. »
6. « Elle aurait bien voulu revoir ______ belle maison grecque aux ______ colonnes. »

Extraits de *Lullaby* de J.-M.G. Le Clézio © Éditions Gallimard.

b. Même exercice avec les déterminants suivants.

~~son~~ – divers – ~~sa~~ – ~~quelle~~ – ~~un~~ – cette – ~~ce~~ – ~~chaque~~ – ~~du~~ – ~~cent~~

Cette______ folle, Quelle______ Chloé ! Elle prend Chaque______ jour Son______ bain dans du______ lait d'ânesse. Elle a lu dans un______ ouvrages que grâce à Ce______ procédé, Cléopâtre avait la peau très douce. Pour remplir So______ baignoire, elle a besoin d'au moins Cent______ litres de lait par jour ! divers______ founisseur est sûrement très riche maintenant...

3 Justifiez l'emploi de l'article défini (en orange) dans les phrases suivantes.

Exemple : La neige sera abondante au-dessus de 2 000 mètres. → Connue par l'expérience commune.

1. Tu es toujours dans la lune. ______
2. Sais-tu que l'univers est en perpétuelle expansion ? ______
3. La Russie est-elle un pays d'Europe ? ______
4. Le chien est le meilleur ami de l'homme. ______
5. Les oreilles de ta grand-mère sont très longues. ______
6. C'est normal, c'est le grand méchant loup. ______
7. Le vent est indispensable pour faire du char à voile. ______

4 Accordez les déterminants avec les noms qu'ils introduisent.

Cet______ été entre filles fut inoubliable. Chaqu______ journée fut un______ grand moment. Quel______ beaux souvenirs ! Tou______ le______ jours, nous trouvions mill______ occupations : promenade, visite, baignade. Aucun______ d'entre nous ne s'est ennuyée. Depuis notr______ retour, nous nous sommes revues quelqu______ fois pour évoquer no______ souvenirs et nous envisageons de repartir un______ été ensemble.

5 Dans les phrases suivantes, indiquez si du est article partitif ou article défini contracté.

1. J'aime le son du tambour. ______
2. Il a perdu les clefs du restaurant. ______
3. Reprends du cake si tu veux. ______
4. Elle habite rue du Temple. ______
5. Remets du rouge sur tes joues. ______
6. Cet oiseau a du plomb dans l'aile. ______

6 Ponctuez les phrases suivantes selon que quel est adjectif interrogatif ou adjectif exclamatif.

1. Quel aplomb il a ce garçon______
2. Quel âge a donc ce garçon______
3. Peux-tu me dire quelles chaussettes je porte______
4. Quel imbécile______
5. Quel imbécile a mis du sel dans mon café______
6. Sais-tu quelle sorte de soupe cette sorcière t'a servie______
7. Une soupe aux yeux de snark, quelle honte______

7 Complétez ces phrases avec les adjectifs indéfinis qui conviennent.

~~nul~~ – ~~mille~~ – ~~quelques~~ – ~~tous~~ – ~~chaque~~

Les conseils d'une fée pour rester jeune

quelques ~~Quelques~~______ cuillerées de lait de papillon tu boiras.
Et les pétales, Tous______ les pétales d'une rose tu mangeras.
Chaque______ matin un cheveu d'ange tu couperas.
Mais nul______ corbeau tu n'écouteras.
Tu verras que mille______ ans tu vivras si tu ne le répètes pas.

3 Les pronoms

Observer et retenir

■ **Les pronoms personnels** reprennent et remplacent :
- un nom ou un groupe nominal : **Ton frère** doit dormir, **il** ne dit plus rien.
- un adjectif qualificatif ou un participe passé : Suis-je **belle** ? Oui, tu **l'**es.
- un infinitif (ou groupe infinitif) : J'adore **chanter**. Avec ta voix de fausset, tu ne devrais pas t'**y** risquer !
- une proposition : **Il est déjà parti**, j'**en** suis sûre.

Ils ont des formes variables selon la personne (nous, ils, etc.), le genre (il, elle, etc.), le nombre (il, ils, etc.), la fonction (je, me, etc.).

fonction	formes variables						formes invariables
	singulier			pluriel			
	1re pers.	2e pers.	3e pers.	1re pers.	2e pers.	3e pers.	
sujet	je	tu	il/elle/on	nous	vous	ils/elles	y-en pronoms adverbiaux 3e pers. sing. et pl. – circonstanciels de lieu – compléments d'objet ou de détermination (Ils ont alors un rôle de pronoms personnels.)
C.O.D.	me	te	le/la/l'	nous	vous	les	
C.O.I./C.O.S.	me	te	lui	nous	vous	leur	
forme réfléchie (renvoie au sujet)	me	te	se/soi (forme accentuée)	nous	vous	se/soi (forme accentuée)	
forme accentuée après une préposition ou si le pronom est apposé	moi	toi	lui/elle	nous	vous	eux/elles	

■ Les pronoms possessifs, démonstratifs, interrogatifs et indéfinis remplacent le plus souvent un G.N. précédé d'un adjectif possessif, démonstratif, interrogatif ou indéfini.

– Les **pronoms possessifs** (le mien, le tien, les nôtres, les vôtres, les leurs, la sienne, etc.) varient selon le genre et le nombre de l'objet possédé et selon la personne et le nombre du possesseur.
Exemple : J'ai oublié **mes** patins à glace, pouvez-vous me prêter **les vôtres** ?

– Les **pronoms démonstratifs** (ce/c', ceci/ça, celui-ci/celui-là, celle, ceux, celles, etc.) ont une forme simple (celui) ou une forme composée (celui-ci).
Exemple : J'ai déjà goûté tous **ces** gâteaux, je te conseille **celui-ci**.
-ci/-là opposent deux éléments : **-ci** s'utilise pour ce qui est proche dans l'espace ou dans le temps, **-là** pour ce qui est éloigné.

– Les **pronoms interrogatifs** (qui, que/qu', quoi, lequel, laquelle, lesquels, etc.) ont une forme simple (qui) ou une forme composée **(lequel)**.
Exemple : Je ne **les** ai pas vus partir ; **lequel** d'entre eux a pris ma voiture ?
Remarque ▶ *L'élément repris n'est pas forcément précédé d'un déterminant interrogatif.*

– Les **pronoms indéfinis** (rien, personne, on, tout, chacun, aucun, l'un, l'autre, la plupart, les mêmes, etc.) représentent une chose ou une personne qui n'est pas individuellement repérable. Il existe des formes variables (**tout, tous**) et des formes invariables (**rien**).
Exemple : **Tout** est prêt.

– Les **pronoms relatifs** ont une forme simple (**qui**, **que**, **dont**, etc.) ou composée (**lesquelles**, etc.).
Exemple : Voici le chat **qui** tue le plus de souris à la minute.
On distingue les pronoms qui renvoient à la situation d'énonciation et ceux qui n'y renvoient pas.

Appliquer

1 Relevez les pronoms et indiquez s'ils renvoient ou non à la situation d'énonciation.

1. J'ai apporté mon saxophone. Où est le tien ? – **2.** On n'est jamais sûr de rien. – **3.** Du pain ? Nous en apporterons. – **4.** Partez-vous en vacances ou restez-vous ici ? – **5.** Rapporte-moi cela. – **6.** Tous voulaient aller au cinéma mais personne ne connaissait les horaires des films.

2 Relevez les pronoms, précisez leur nature et indiquez ce qu'ils représentent quand ils renvoient à un élément de la phrase.

1. Le livre d'histoire ? Je l'ai apporté. ____________
2. Encore un effort... Voilà, vous y êtes ! ____________
3. Les fantômes, je n'y crois pas, les châteaux ne m'intéressent pas ; je n'ai aucune raison de vous rejoindre en Écosse cet été ! ____________
4. J'attendais Lou, Fatou et Nina mais aucune n'est venue... ____________
5. Je veux tout, tout de suite ! ____________

S'entraîner

3 Récrivez ces phrases en remplaçant les mots en orange par des pronoms.

1. Te souviens-tu de **cet homme si bizarre** ? ____________
2. Vas-tu à **Rio** cet été ? Moi, je reviens d'**Acapulco**. ____________
3. Est-elle vraiment **en colère** ? ____________
4. Avez-vous pris **la planche à voile** ? Ils ont pris **leurs palmes**. ____________
5. Est-ce toi qui a mangé toutes **les frites** ? ____________
6. Ne prends pas **ces sardines**, elles ne sont pas **fraîches** ! ____________

4 Mettez ces phrases à la forme négative, en faisant les transformations qui s'imposent.

1. Elle a tout fait. ____________
2. Chacun est censé ignorer la loi. ____________
3. Tout le monde te croira. ____________
4. Je connais cela. ____________
5. Lesquels de ces livres as-tu déjà lus ? ____________
6. Des phoques, j'en ai vu quelques-uns sur la banquise. ____________

5 Complétez ces extraits avec les pronoms proposés.

1. *qui* (2 fois) – *nous* – *ils* – *quelqu'un* – *le* – *il* (2 fois) – *l'*

– ________ est venu ici ? demanda Paméla.

– Notre vicomte est venu il y a un moment, dirent le père et la mère. ________ a dit qu'________ poursuivait un papillon ________ ________ avait piqué.

– Quand les papillons ont- ________ jamais piqué ________ ? dit Paméla.

– Bah ! Nous ________ ________ demandons aussi.

2. *ce* (2 fois) – *qui* – *les* – *il* – *on* – *un autre* – *c'*

Quand un patient mourait, tout ________ qu'________ avait de bon servait à rapetasser les membres d'________ , et ainsi de suite ; ________ ________ donnait le plus de fil à retordre, ________ étaient les intestins : une fois déroulés, ________ ne savait plus comment ________ replacer.

Italo Calvino, *Le Vicomte pourfendu*.

3. *y* – *ils* (4 fois) – *les autres* – *leur* – *ça*

Autrefois, les ânes étaient tout à fait sauvages, c'est-à-dire qu'________ mangeaient quand ________ avaient faim [...] et qu'________ couraient dans l'herbe quand ________ ________ faisait plaisir.

Quelquefois, un lion venait qui mangeait un âne ; alors tous ________ se sauvaient en criant comme des ânes, mais le lendemain, ________ n' ________ pensaient plus et recommençaient à manger.

D'après Jacques Prévert, *Histoires*, « Les Premiers Ânes », Gallimard, 1963.

4 Les adverbes : formation et fonctions

Observer et retenir

■ Les adverbes sont des mots **invariables** qui peuvent **modifier le sens** d'un autre mot (**Ex. :** Je suis **très** intelligent.), être **compléments circonstanciels** (**Ex. :** Nous arriverons **demain**.) ou **déterminants** – adverbes de quantité – (**Ex. : Beaucoup** de touristes viennent sur cette île.).

■ Il y a aussi :
- des adverbes d'**opinion** (non, oui, certainement, etc.) ;
- des adverbes de **négation** (ne pas, ne que, etc.) ;
- des adverbes d'**interrogation** (pourquoi, quand, comment, etc.) ;
- des adverbes de **liaison** (**Ex. :** Je passerai au bureau **puis** j'irai te chercher à l'aéroport.).

■ Certains adverbes sont formés à partir d'un adjectif :
- adjectifs en **-ant** → adverbes en **-amment** (savant → sav**amment**)
- adjectif en **-ent** → adverbes en **-emment** (prudent → prud**emment**)
- adjectifs terminés par une consonne → adjectif au féminin + **-ment** (passif → passive → passive**ment**)

Attention ▸ Parfois on ajoute un accent aigu : confusément.
- adjectifs terminés par une voyelle → adjectif au masculin + **-ment** (vrai → vrai**ment**)

Attention ▸ Exceptions : gai → gaiement ; gentil → gentiment.

Appliquer

1 Formez des adverbes à partir de ces adjectifs.

1. frais → Fraichement
2. conscient → Consciamment
3. sain → Salnement
4. final → Finalement
5. conforme → Conformemment
6. absolu → absolument
7. bref → |
8. amoureux →
9. galant → galantement
10. bruyant → ~~[illegible]~~ bruyamment
11. cordial → Cordialement
12. intense → Intensemment
13. sincère → Sincèrement
14. naïf → naïvement

2 Remplacez le nom et l'adjectif soulignés par un verbe et un adverbe de sens équivalent.

Exemple : On annonce <u>une baisse prochaine</u> de la température.
→ On annonce que la température baissera prochainement.

1. L'avant-centre italien devra s'attendre à <u>une sanction sévère</u>.

2. En safari, on demande toujours aux touristes <u>le respect scrupuleux</u> des consignes.

3. Tu parles à tes parents en craignant <u>leur réaction furieuse</u>.

4. Vos vêtements <u>au délicat parfum</u> me rappellent la lavande de Grignan.

5. Au monstre de l'égout, il a fallu <u>une attente pénible</u> avant de se transformer en prince.

6. Le président fit <u>une brève apparition</u>.

3 **Complétez le tableau en choisissant, pour chaque mot ou groupe de mots en orange, la nature et la fonction qui conviennent.**

	nature		fonction	
	adverbe	G.N. prépo.	C.C. manière	C.C. temps
1. Il est arrivé **tard**.				
2. Il marchait **d'un pas alerte**.				
3. Il marchait **lentement**.				
4. **À la tombée de la nuit**, Dracula sort...				
5. Le train est arrivé **avec beaucoup de retard**.				
6. **Après d'interminables discussions**, on leva la séance.				
7. **Dès son arrivée**, tout le monde se tut.				
8. **Subitement**, tout le monde se tut.				
9. Il subjuguait les foules **avec une facilité étonnante**.				
10. **Progressivement**, on éclaira la scène.				

4 **Entourez l'intrus dans chaque liste de mots.**

1. linéairement – ligament – libéralement – longuement – lentement.
2. redoutablement – redoublement – réellement – relativement – réglementairement.
3. carrément – candidement – cantonnement – cavalièrement – catégoriquement.
4. fièrement – fiévreusement – finalement – fixement – fléchissement – fidèlement.
5. activement – adhérent – adroitement – admirablement – adorablement.
6. périodiquement – précieusement – poliment – plissement – platement.
7. étroitement – événement – évidemment – exactement – éternellement.
8. sapement – savamment – salement – sciemment – secondement.
9. tranquillement – toussotement – totalement – timidement – tendrement.
10. bruyamment – banalement – boisement – brutalement – bravement.

5 **Précisez la nature des adverbes en orange (opinion, interrogation, négation, liaison, temps, manière, quantité).**

1. – Hector, passez-moi mes chaussons **puis** préparez du thé. ……
2. – **Certainement** monsieur. Monsieur à **bien** dormi ? ……
3. – **Pourquoi** cette question, Hector ? ……
4. – Je **ne** voudrais **pas** que monsieur soit fatigué. ……
5. – **Comment** pourrais-je l'être ? J'ai choisi la solitude... ……
6. – Je **ne** crois **pas**, monsieur, les journalistes sont là. ……
7. – **Non** ? ……
8. – **Parfaitement**, monsieur. ……
9. – Qu'ils entrent **tout de suite** dans la salon ; vous leur servirez **ensuite** un rafraîchissement pour les faire patienter. ……
10. – Mais monsieur, il **n'**y a **plus** de fauteuils au salon ; les huissiers les ont emportés. ……
11. – Alors qu'ils reviennent **plus tard** ! ……
12. – Je vais leur annoncer avec **beaucoup de** délicatesse car ils ont fait du chemin, monsieur... ……
13. – Je compte sur votre habileté ; vous leur expliquerez **gentiment** et **patiemment**. ……
14. – J'y vais **prestement**, Monsieur. ……

5 Bilan : la nature des mots

Observer et retenir

Mots variables

- Les noms communs (fille, intelligence, cahier, etc.).
- Les pronoms personnels (lui), possessifs (la vôtre), démonstratifs (ce), interrogatifs (lesquels), indéfinis (rien), relatifs (dont).
- Les déterminants :

– articles partitifs (du), définis (la) et indéfinis (un) ;

– adjectifs possessifs (son), démonstratifs (ces), exclamatifs (quelle), interrogatifs (quelles), indéfinis (quelques), numéraux cardinaux (un, deux, trois, etc.).

- Les adjectifs qualificatifs (beau).

Les adjectifs numéraux ordinaux (premier, deuxième, etc.) appartiennent à cette catégorie.

- Les verbes (pris, choisir, chante, etc.).

Mots invariables

- Les noms propres (Chantal, Paris) : ils commencent toujours par une majuscule.
- Les adverbes : circonstanciels (ici, demain, mal), d'opinion (certainement), de quantité (trop), de négation et de restriction (ne, pas, ne… que), d'interrogation (pourquoi), de liaison (en effet), d'exclamation (que).
- Les prépositions : par, pour, près de, avant, sauf, avec, selon, etc.
- Les interjections : Oh ! Zut ! Aie !, etc.
- Les onomatopées qui évoquent des bruits en les reproduisant : Toc-toc ! Plouf ! Miaou ! Dring !, etc.
- Les conjonctions de coordination : mais, ou, et, donc, or, ni, car.
- Les conjonctions de subordination : de temps (quand), de but (pour que), de cause (parce que), de conséquence (si bien que), de condition (pourvu que), d'opposition (bien que), de comparaison (comme), ou pour introduire une complétive (que).

Appliquer

1 Donnez la nature des mots en orange.

Le barbecue

La semaine dernière nous sommes allés chez mon oncle, le grand spécialiste du barbecue. Il nous avait promis des gambas grillées et des brochettes. Comme le temps était légèrement humide, il a eu bien du mal à allumer son barbecue. Il a tenté de l'allumer avec de l'alcool à brûler ! Nous avons entendu un gros « boum », vu une grande flamme. Mon oncle s'est retrouvé par terre, la tête toute noire, tous les cheveux carbonisés. Nous avons bien ri quand il a déclaré : « Vous ne trouvez pas que je ressemble à une gamba grillée ? »

1. nous : ……
2. mon : ……
3. grand : ……
4. promis : ……
5. des : ……
6. légèrement : ……
7. l' : ……
8. avec : ……
9. alcool : ……
10. boum : ……
11. toute : ……
12. tous : ……
13. bien : ……
14. que : ……
15. à : ……
16. gamba : ……

2 Même exercice.

Au cinéma « olfactif », les spectateurs peuvent sentir diverses odeurs. Lorsque le héros se promène dans un champ de lavande, c'est agréable. Moi, j'ai assisté à un film qui racontait l'histoire d'un fromager. Beurk !

1. diverses : ……
2. Lorsque : ……
3. dans : ……
4. à : ……
5. qui : ……
6. Beurk : ……

3 **Complétez le tableau suivant en précisant soit la nature, soit la fonction du ou des mots en orange.**

	fonction	nature
Le château d'Élise est **fragile**. Son château paraît **abîmé**. Son château est **une réplique du château de Chambord**.	attribut du sujet	____________ ____________ ____________
Élise a été épaulée **par Louis**. Elle est demandée **par ses copines**. Elle est appréciée **de toutes**.	____________	préposition + nom préposition + G.N. préposition + pronom indéfini
Élise **l'**a construit. Elle appelle **Louis**. Elle sait **travailler**. Elle construit **un château de sable**.	C.O.D.	____________ ____________ ____________ ____________
Elle continue **malgré les vagues**. Elle appelle Louis **bien qu'il soit en train de nager**.	____________	préposition + G.N. proposition subordonnée conjonctive
Élise travaille **soigneusement**. Elle travaille **avec méthode**.	C.C. manière	____________ ____________
Élise est fière **de son château**. Elle est sûre **que ses parents la complimenteront**.	____________	préposition + G.N. proposition subordonnée conjonctive
Ses parents trouvent ce château **superbe**.	____________	adjectif qualificatif
Élise prête une pelle **à Louis**. Elle lui propose **de continuer**.	____________	préposition + nom préposition + infinitif
Élise arrête **car la marée monte**. Louis la quitte **puisqu'ils ont fini**. Ils ont oublié leur râteau **par distraction**.	C.C. cause	____________ ____________ ____________

4 **Les indications données dans ce tableau correspondent-elles à la véritable nature des mots en orange ?**

phrase	nature	vrai ou faux ?
1. Jérôme lave sa voiture **tous** les jours.	adjectif indéfini	
2. Elle était **toute** déconcertée !	adjectif indéfini	
3. **Miam-miam !** Quel beau gâteau !	interjection	
4. Marie lit **beaucoup**.	adverbe	
5. Marie a déjà lu **quelque** mille livres.	adverbe	
6. **Avant**, tu faisais moins d'histoires.	préposition	
7. Frapper **avant** d'entrer.	adverbe	
8. Firmin pense **que** tu abuses.	pronom relatif	
9. Mais **où** est encore passée Mirza ?	conjonction de coordination	
10. C'est à prendre **ou** à laisser !	pronom relatif	
11. Je veux tes bottes et **ta** moto !	adjectif possessif	
12. Donne-**leur** tes bottes !	pronom personnel	
13. **Leur** moto est en excellent état.	adjectif possessif	
14. Je prendrai **trois** saucisses.	adjectif ordinal	
15. C'est sa **troisième** tentative.	adjectif cardinal	

6 Figures d'opposition et d'exagération

Observer et retenir

■ Pour attirer l'attention du lecteur ou de l'auditeur, pour frapper son imagination, on peut utiliser des figures d'opposition comme l'**antithèse** ou des figures d'insistance comme l'**hyperbole**.

■ **Exemple :** « À vaincre sans péril, on triomphe sans gloire. » (Pierre Corneille, *Le Cid*)

L'**antithèse** consiste à rapprocher **deux idées qui s'opposent** pour les mettre en relief.

■ **Exemple :** « Je suis perdu, je suis assassiné, on m'a coupé la gorge, on m'a dérobé mon argent. » (Molière, *L'Avare*)

L'**hyperbole** consiste à employer des **termes exagérés**, très forts.

Appliquer

1 Relevez toutes les antithèses.

« Je vis, je meurs ; je me brûle et me noie ;
J'ai chaud extrême en endurant froidure :
La vie m'est et trop molle et trop dure.
J'ai grands ennuis entremêlés de joie. »

Louise Labé, *Sonnets* (1556)

____

____

S'entraîner

2 Pour chacune des phrases suivantes, indiquez s'il s'agit d'une antithèse ou d'une hyperbole.

1. Les spectateurs ont franchi des montagnes pour voir leur idole ! ______ – **2.** Je meurs de faim ! ______ – **3.** Elle était jolie et charmante ; son mari affreux et brutal. ______ – **4.** Nous l'avions pourtant prévenu mille fois. ______ – **5.** Son crâne était aussi chauve que ses épaules étaient velues. ______ – **6.** Cette année, en français, on a un prof super génial ! ______ – **7.** Vous aurez du mal à le voir maintenant qu'il habite au bout du monde ! ______ – **8.** Bravo, votre travail est excellentissime ! ______ – **9.** À père avare, fils prodigue. ______ – **10.** Le frère et la sœur ? C'est le jour et la nuit ! ______

3 À l'aide des couples de mots proposés, composez une phrase comportant une antithèse.

Exemple : mort/vie → Ce village avait l'air mort et la campagne respirait la vie.

1. rapidité/lenteur → ______
2. vérité/mensonge → ______
3. beauté/laideur → ______
4. paresseux/travailleur → ______
5. sérieux/négligent → ______
6. vice/vertu → ______

4 Retrouvez une hyperbole pour chaque expression proposée.

1. un homme de grande taille : ______
2. un acteur talentueux et célèbre : ______
3. un très bon livre : ______
4. une personne très cruelle : ______
5. avoir très faim : ______
6. s'ennuyer : ______
7. faire taire quelqu'un : ______
8. c'est très bien : ______

7 Figures de ressemblance

Observer et retenir

■ Parmi les figures de ressemblance, on trouve les **périphrases** et les **métonymies** ; elles peuvent servir à désigner quelque chose ou quelqu'un. On peut donc les utiliser comme des **reprises nominales**, pour éviter les répétitions.

■ **Exemple :** la langue de Goethe = l'allemand.

Les **périphrases** désignent quelque chose ou quelqu'un **en plusieurs mots, sans le nommer**.

■ **Exemples :**
– une voile à l'horizon (un bateau) → on désigne le tout par une partie ;
– boire un verre → le contenu pour le contenant ;
– croiser le fer (se battre à l'épée) → la matière pour l'objet ;
– la couronne est menacée (le pouvoir royal) → le signe, le symbole pour la chose.

Les **métonymies** font allusion à un objet ou une idée **par un terme désignant un autre élément en rapport avec celui-ci**.

Appliquer

1 Retrouvez ce que désigne la périphrase ; un indice est donné entre parenthèses.

1. le pays du Soleil levant (géographie) .... – **2.** la planète rouge (astronomie) .... – **3.** les Bleus (sport) .... – **4.** le roi-soleil (histoire) .... – **5.** le petit écran (média) .... – **6.** l'auteur des *Fourberies de Scapin* (littérature) .... – **7.** la petite reine (sport) .... – **8.** le nouveau continent (géographie) ....

S'entraîner

2 Rédigez une phrase en employant une métonymie à partir du nom proposé.

Exemple : Rembrandt → Il aime beaucoup ce Rembrandt (un tableau).

1. Mozart → ....
2. Spielberg → ....
3. le fer → ....
4. un verre → ....
5. la voile → ....

3 Rédigez une phrase en employant une périphrase à partir du nom proposé.

Exemple : le lion → Le roi des animaux chasse les antilopes dans la savane.

1. la terre → ....
2. Paris → ....
3. le sapin → ....
4. Victor Hugo → ....
5. l'anglais → ....
6. le soleil → ....

4 Indiquez à chaque fois s'il s'agit d'une périphrase ou d'une métonymie et dites ce qu'elle désigne.

1. L'Élysée n'a pas encore communiqué au sujet des élections. ....
2. « Rodrigue, as-tu du cœur ? » ....
3. « C'était l'heure tranquille où les lions vont boire. » ....

8 Les suffixes

Observer et retenir

■ **Rappel :** vous avez appris que les mots sont souvent formés de plusieurs éléments :
– le **radical** qui vient souvent du latin ou du grec ;
– le **préfixe**, placé devant le radical, qui modifie le sens ;
– le **suffixe**, placé derrière le radical, qui permet de former des mots de **nature grammaticale différente** (verbe, adjectif, nom...) et qui correspond aussi à des **domaines précis** (les mots en *ise* désignent un défaut ou une qualité : *gourmandise*, *franchise*). Il modifie aussi ou nuance le **sens** d'un mot.
Exemples : aimer, aimable, amour

■ Vous devez vous familiariser avec quelques suffixes très courants, pour repérer quels domaines sont concernés, quel sens ils apportent et maîtriser leur orthographe.
Le suffixe en *able* signifie une possibilité (perméable, capable, inondable...).
Le suffixe en *oir/oire* forme des mots qui désignent un instrument ou le lieu d'une action.

Appliquer

1 Complétez les mots suivants avec le suffixe qui convient, au féminin ou au masculin.

coul_____ – baign_____ – patin_____ – bouill_____ – mange_____ – perch_____ – fum_____

S'entraîner

2 Retrouvez les mots correspondants aux définitions suivantes, formés à l'aide des suffixes diminutifs iole, et/ette ou on.

1. petite bête : _____
2. petite voiture d'enfant : _____
3. gloire tirée de petites choses : _____
4. bouchon d'un stylo : _____
5. petit agneau : _____
6. extrémité d'un pain : _____
7. petit garçon : _____
8. petite fille : _____
9. sonnerie pour appeler ou avertir : _____
10. petit de l'aigle : _____

3 Même exercice, avec les suffixes péjoratifs asse, ace, ard, âtre et aud.

1. lent et maladroit : _____
2. blond décoloré, fade : _____
3. qui s'enfuit : _____
4. méchante belle-mère : _____
5. bas peuple : _____
6. trop mou : _____

4 Soulignez le suffixe de chaque mot et dites s'il apporte une nuance péjorative ou diminutive.

chevreau : _____ – courtaud : _____ – cageot : _____ – îlot : _____ – cuisseau : _____ – éléphanteau : _____

5 Retrouvez les adjectifs terminés par le suffixe able correspondant aux définitions suivantes.

1. un chemin que l'on peut emprunter en voiture : _____
2. une eau que l'on peut boire sans risque : _____
3. qui suscite la pitié : _____
4. que l'on peut façonner aisément : _____

9 Les préfixes

Observer et retenir

■ **Exemples :** paraître → apparaître/transparaître/comparaître ;
espoir → désespoir

L'addition d'un préfixe à un mot change sa **signification**, mais pas sa classe grammaticale.

Beaucoup de préfixes sont d'origine latine.

■ **Exemples :** commun/collégial/correspondant
L'orthographe des préfixes peut varier, en fonction du mot ou racine qu'il précède ; il y a parfois assimilation de la consonne.

Préfixe latin	Préfixes français	Signification	Exemples
bis	bi, bis	deux fois	bicolore, biscuit, biplace
cum	co, col, com, con, cor	avec	coauteur, collaborer, correspondance, communiquer, concordant
de	dé, dés	qui a cessé de	démonté
sub	sou, sous, sub	sous	subjuguer, subalterne, soumettre
trans	tra, trans	au-delà de à travers	traverser, transplantation

Appliquer

1 Dans quels mots retrouvez-vous le préfixe cum ?

connivence – confrère – cocarde – contractant – cochonnet – codétenu – coexister – colocataire – colonie – commode – compatir – concordance – concombre – corail – corroborer – corsaire.

....

....

S'entraîner

2 Complétez les mots suivants avec le préfixe dé ou dés.

1. ....stabiliser – **2.** ....espoir – **3.** ....rivation – **4.** ....tournement – **5.** ....bordement – **6.** ....formé – **7.** ....couvrir – **8.** ....brider – **9.** ....river – **10.** ....rouler – **11.** ....placer.

3 Retrouvez les mots formés avec le préfixe sub (sou, sous ou sub) à partir des définitions suivantes.

1. recouvrir complètement d'eau, inonder : ....

2. mettre sous l'autorité de quelqu'un : ....

3. mettre à la place de : ....

4. dont l'équipement est insuffisant : ....

4 Un intrus se cache dans chaque liste : retrouvez-le.

1. déviation – dérivé – désolé – dévoiler – destabiliser – démon

2. bilan – bilatéral – bigame – bicyclette – binaire – bimoteur

10 Le sujet et l'attribut du sujet

Observer et retenir

■ **Exemple :** Aujourd'hui, tous les avions décollent avec du retard.

Le sujet est le mot ou le groupe de mots avec lequel s'accorde le verbe en genre et en nombre. On ne peut pas supprimer le sujet (sauf au mode impératif, où il n'est pas exprimé : Viens !).

■ **Exemple :** Mes cousines sont furieuses.

L'attribut du sujet, qui donne une information sur le sujet (identité, qualité, etc.) est mis en relation avec celui-ci par un verbe d'état (être, sembler, devenir, paraître, passer pour, etc.). Lorsqu'il s'agit d'un adjectif, d'un participe passé ou de la plupart des pronoms, l'attribut du sujet s'accorde avec le sujet.

■ La nature de l'attribut du sujet peut être :
- un adjectif qualificatif (ou un groupe adjectival) : Il était fou de joie.
- un participe passé : Ce rôti est brûlé !
- un adjectif interrogatif ou indéfini : Quel est votre âge ?
  Quelle que soit l'heure, téléphonez-lui.
- un nom (ou un G.N.) : Olivier est devenu un brillant vétérinaire.
- un pronom : Qui êtes-vous ?
  Il est devenu quelqu'un.
- un infinitif (ou un groupe infinitif) : Voyager, c'est découvrir des pays et des gens.
- une proposition subordonnée : Le plus comique, c'est qu'il a oublié de venir à son propre anniversaire !

Appliquer

1 Soulignez les attributs du sujet.

Attention ▸ Les verbes d'état ne sont pas toujours employés dans une construction attributive.

1. Tu deviens bête en vieillissant ! – **2.** Notre professeur semble fatigué : est-il las de nos plaisanteries ? – **3.** Le ciel paraît plus dégagé ; nous irons peut-être à la plage cet après-midi. – **4.** Après toutes ces années, tu es resté notre meilleur ami. – **5.** Combien de jours resterez-vous chez nous ? – **6.** Nous allons faire des crêpes puisqu'il reste des œufs. – **7.** Sa résidence principale est à New York, mais il demeure à Corfou durant chaque été. – **8.** Ta tante se montre beaucoup plus aimable depuis que nous l'avons aidée à faire son jardin ! – **9.** Montre-moi tes photos de vacances. – **10.** Lors des négociations avec nos partenaires de San Francisco, il s'est révélé très rusé. – **11.** Madame Irma a promis de me révéler mon avenir.

2 a. Encadrez le sujet de chaque verbe en orange.

1. Cette promesse que tu as faite, il ne faudra jamais l'oublier. – **2.** Ce voyage me tente beaucoup. – **3.** Nous accompagnerez-vous ? – **4.** Passez-moi le sel, s'il vous plaît. – **5.** L'un et l'autre partirent sans dire un mot. – **6.** Travailler, voilà ce qu'il faut faire. – **7.** Souffler n'est pas jouer. – **8.** Attendre, c'est perdre du temps. – **9.** Que vous sachiez cela me semble important. – **10.** Qui va à la chasse perd sa place. – **11.** Vous nous avez trompées. – **12.** Vous ont-ils vues ? – **13.** Ton oncle et tes cousins n'étaient pas très contents. – **14.** Il tombe de la neige fondue. – **15.** Il est incroyable qu'elle se soit perdue. – **16.** Au-delà des montagnes s'amoncelaient d'énormes nuages noirs. – **17.** La plupart des élèves ne semblaient pas concernés par le vacarme qui régnait dans la classe. – **18.** Ça brûle ! – **19.** Fournir de tels efforts reste vain !

b. Combien relevez-vous d'attributs du sujet ? Citez-les.

3 Rendez à chaque phrase son sujet.

Remarque Chaque groupe de mots doit être relié une seule fois.

Tout le monde •	• sont ravies.
Tes sœurs •	• s'emporta et courut aux marches du palais.
Tous les invités •	• est venu.
La foule •	• sont des amis de la mariée.

4 Même exercice.

Tes propos •	• est très important pour le directeur.
L'aventure que vous avez vécue •	• doit être une aventure formidable.
Arriver à l'heure •	• m'étonnent beaucoup.
Rencontrer des extraterrestres •	• est surprenante.

5 Encadrez les attributs du sujet et précisez leur nature.

1. Alain-Fournier, l'auteur du *Grand Meaulnes*, est mort jeune. ……………………
2. Il semble que Chateaubriand n'ait pas vécu très heureux. ……………………
3. Cette voiture est la mienne ; vous ne la conduirez pas ! ……………………
4. Que lui avez-vous fait ? Il est revenu affolé ! ……………………
5. Êtes-vous stupide ? ……………………
6. Anna est tombée amoureuse de cet homme en quelques secondes ! ……………………
7. L'essentiel n'est pas de rouler vite ; c'est d'arriver ! ……………………

6 Pour chaque phrase, complétez le tableau suivant en reportant uniquement les indications demandées.

1. Parce que cette voiture n'était plus performante, la firme n'a pas pu faire face à la concurrence.
2. Depuis qu'il était étudiant en entomologie, il élevait chez lui des puces et des phasmes.
3. Mes pauvres chéris, le professeur d'éducation physique vous a encore fait courir ? Vous semblez épuisés...
4. Ce projet s'est révélé l'affaire du siècle.
5. Quand il prend la parole en public, est-il toujours aussi sûr de lui ?
6. Je trouve qu'il a l'air bête.
7. Demeure-t-il arrogant malgré sa défaite ?

	sujet	verbe d'état	attribut du sujet	nature de l'attribut
1				
2				
3				
4				
5				
6				
7				

11 C.O.D./C.O.I./C.O.S.

Observer et retenir

■ Il existe plusieurs sortes de compléments d'objet :

Dis bonjour (C.O.D. du verbe *dire*) à la dame (C.O.S. du verbe *dire*).

Tous le monde se moque de toi (C.O.I. du verbe se *moquer*).

Je lui (C.O.I. du verbe *demander*) demande de rester (C.O.S. du verbe *demander*).

■ Le **complément d'objet direct** (C.O.D.) et le **complément d'objet indirect** (C.O.I.) correspondent à l'être ou la chose sur lesquels s'exerce l'action du verbe. Ce sont des **compléments essentiels** du verbe, **on ne peut donc pas les supprimer**.
Le **C.O.D.** : on l'appelle **direct** car il est introduit **directement**, c'est-à-dire **sans préposition**.
Le **C.O.I.** : on l'appelle **indirect** car il est introduit **par une préposition** (souvent « à » ou « de »).
Contrairement au verbe construit avec un C.O.D., un verbe construit avec un C.O.I. ne permet pas de passer à la voix passive.
Exemples : Il **la** (C.O.D.) voit → Elle est vue par lui. Il se moque **d'elle** (C.O.I.) → voix passive impossible

■ Le **complément d'objet second** (C.O.S.) complète un verbe qui a déjà un premier complément d'objet (direct ou indirect). Il correspond souvent au destinataire, au bénéficiaire de l'action. Il est introduit également par une préposition mais **on peut, la plupart du temps, le supprimer**.

Appliquer

1 Soulignez le ou les C.O.D. des verbes en orange et précisez leur nature.

1. Que **dit**-il ? Il **dit** qu'il a chaud ! ……
2. Il **prétend** avoir fermé la porte. ……
3. Si tu vas dans les bois, **ramène**-moi un bouquet de muguet. ……
4. Je **veux** un scooter neuf ! ……
5. Laurence **aimerait** bien s'occuper de ce chaton. ……
6. **Appelle**-moi demain. ……

S'entraîner

2 Transformez ces phrases à la voix passive, quand cela est possible, et précisez si le pronom personnel est un C.O.D. ou un C.O.I.

1. Julien en parlera demain. ……
2. Son chat ne lui obéit jamais. ……
3. Ta sœur y avait déjà pensé ! ……
4. Cette moto me plaît beaucoup. ……
5. Pourquoi Sophie m'observe-t-elle ? ……
6. Où est le chocolat ? Apparemment Geoffroy en a beaucoup mangé… ……
7. Je vous tiens ! ……
8. Léa tient beaucoup à lui. ……
9. Clémence t'a-t-elle invitée ? ……
10. Pierre ne se préoccupe jamais de moi ! ……

3 **Indiquez si les mots en orange sont des C.O.D. ou des C.O.I. et précisez de quel verbe.**

Attention ▸ Il ne faut pas confondre la proposition « de » qui peut introduire un C.O.I. avec l'article partitif « de la », « du », « des ».

1. Voulez-vous **de la tête de veau** ? .... – **2.** Allons chez ce pâtissier, tout le monde parle **de sa tarte aux pommes**. .... – **3.** Reprendrez-vous **de la tarte aux pommes** ? .... – **4.** Dans cette propriété, on vend **du bon champagne**. .... – **5.** Je reprendrais volontiers **du champagne**. .... – **6.** Je crois qu'il ne se soucie pas **de tes problèmes**. .... – **7.** Je me préoccupe beaucoup **de la santé de mon médecin**. .... – **8.** Pour manger **des spaghettis**, on se sert **d'une cuillère**. .... – **9.** C'est évident ! Il s'est servi **d'elle**. .... – **10.** Achète **de l'eau**. ....

4 **Repérez-vous un C.O.S. dans ces phrases ? Si oui, soulignez-le.**

1. Il se mit à crier à tue-tête. – **2.** Il cria des injures au policier. – **3.** Il se sauva à toutes jambes. – **4.** Antonin est parti pour Los Angeles. – **5.** Cet élève est malade au moins deux fois par semaine ! – **6.** Estelle a acheté ce tee-shirt pour son frère ; elle aurait mieux fait de l'offrir à un clown ! – **7.** L'arbitre lui a donné un carton jaune. – **8.** Le professeur vous a-t-il rendu vos devoirs ? – **9.** Pour un euro, on n'a plus rien ! – **10.** Je ne comprends pas pourquoi il m'a adressé de tels reproches ! – **11.** Marcel parle à toute vitesse et on ne comprend rien ! – **12.** Que voulez-vous ?

5 **Encadrez les compléments d'objet et indiquez au-dessous s'ils sont C.O.D., C.O.I. ou C.O.S.**

1. Que me demandez-vous ? – **2.** Je vous invite à nous suivre. – **3.** Depuis que Maurice est en prison, je lui apporte des oranges toutes

....

les semaines. – **4.** Cette crème empêchera les moustiques de vous piquer. – **5.** Les astronautes ont envoyé des messages de paix aux

....

extraterrestres – **6.** Les hommes préhistoriques nous ont laissé des témoignages de leur vie quotidienne sur les murs des grottes. – **7.** Je te

....

supplie d'écouter ! – **8.** Écoute-moi bien : je te préviens qu'il n'y aura pas de session de rattrapage ; révise ton solfège !

....

6 **Dans la colonne de gauche, les propositions comportent toutes un verbe et un C.O.D. Encadrez ce C.O.D. puis retrouvez le C.O.S. qui convient dans la colonne de droite.**

1. As-tu pris des bananes	•	•	à ta mère ?
As-tu appris la nouvelle	•	•	pour la vache.
Je vous invite	•	•	pour les ouistitis ?
Appelle le vétérinaire	•	•	à sortir.
Empêche-le	•	•	de sortir.
2. Pourriez-vous rapporter l'ordinateur	•	•	au cuisinier !
Fred a déclaré son amour	•	•	au service après-vente ?
Réclame un steak	•	•	pour moi ?
Avez-vous des nouvelles	•	•	pour mes bottes.
Achète du cirage	•	•	à Célia.
3. Rapporte du bois	•	•	-lui.
Robert vend des poissons exotiques	•	•	à ses élèves ?
Explique-le	•	•	aux touristes.
Le chirurgien me demande	•	•	pour le feu.
Le professeur de maths rendra-t-il les devoirs	•	•	de recoudre la plaie.

12 L'attribut du C.O.D.

Observer et retenir

■ **Exemple :** Tout le monde considère ce chien comme méchant.

L'**attribut du C.O.D.** est mis en relation avec le C.O.D. par l'intermédiaire d'un **verbe transitif**. Il donne une information sur l'identité ou une particularité du C.O.D.

Pour le reconnaître : si l'on transforme la phrase à la forme passive, le C.O.D. devient sujet du verbe, et l'attribut du C.O.D. devient attribut du sujet.
Exemple : Ce chien est considéré comme **méchant** par tout le monde.

■ L'attribut du C.O.D. est, le plus souvent :
- un **adjectif** ou un **participe passé** ;
- un **nom** ou un **groupe nominal** : Prendre des vessies pour **des lanternes**.

Appliquer

1 Repérez-vous dans ces phrases un attribut du C.O.D. ? Si oui, encadrez-le et indiquez le C.O.D. dont il est l'attribut.

1. À force de lire ces histoires sans intérêt et insipides, tu vas te rendre idiot ! ......
2. Les épinards rendent les enfants costauds. ......
3. Rends-moi mon petit dictionnaire ! ......
4. D'un coup de baguette magique, la fée a rendu le monstre tout petit. ......
5. Tu m'as rendu un fier service ! ......
6. Bravo ! Tu as rendu tes parents fiers de toi. ......
7. En l'embrassant, la belle a rendu au prince son apparence originelle. ......
8. Vous m'avez rendu fou d'amour... ......
9. Si vous abusez du soleil, vous aurez bientôt la peau toute ridée. ......

S'entraîner

2 Dans ces phrases, soulignez l'attribut du C.O.D. Mettez ensuite les phrases à la forme passive et soulignez, cette fois, le sujet.

1. Léo l'a prise pour quelqu'un d'autre ! ......
2. Sophie considère Léa comme sa meilleure amie. ......
3. Les professeurs me jugent intelligente. ......
4. Les jurés le croient innocent. ......

3 Soulignez en rouge les C.O.D. et en bleu les attributs du C.O.D.

Remarque ▸ Il arrive que l'attribut du C.O.D. soit placé avant le C.O.D.

1. Le professeur a déclaré obligatoire que les élèves soient présents aux cours de soutien. – **2.** Je tiens cet homme pour un fieffé menteur. – **3.** Patrick trouve stupide de courir derrière un ballon ; il considère le hockey comme un sport bien plus intelligent. – **4.** Sonya se prétend bonne cuisinière ; je tiens pour vrai ce qu'elle dit. – **5.** Jean-Jacques est tellement myope qu'il a pris cette vache pour un bison ! – **6.** Il ne faut pas me prendre pour un imbécile... – **7.** À quelques jours de la finale, on présente l'équipe d'Australie comme la grande favorite. – **8.** Depuis le début des vacances, je trouve Élise particulièrement agitée ! – **9.** Je considère Paul comme mon frère. – **10.** La classe a élu Clara déléguée. – **11.** Les élèves la trouvent responsable. – **12.** Ce film nous a laissés pantois.

13 Les fonctions de l'adjectif qualificatif

Observer et retenir

- **Exemple 1 :** Ce film **comique** me fait beaucoup rire.

L'adjectif **épithète** fait partie du groupe nominal.

- **Exemple 2 :** **Comique**, ce film me fait beaucoup rire.

L'adjectif **apposé** est détaché du groupe nominal (ou du pronom) par une virgule.

- **Exemple 3 :** Comme ce film est (verbe d'état) **comique** ! **attribut du sujet**

- **Exemple 4 :** Grâce à son talent, cet acteur a rendu (verbe d'action) le film **comique**. **attribut du C.O.D.**

Un adjectif est **attribut** du sujet ou du C.O.D. quand la relation entre cet adjectif et le sujet ou le C.O.D. est rendue possible grâce à un verbe. L'attribut nous renseigne toujours sur l'état, l'identité ou une qualité du sujet ou du C.O.D.

Appliquer

1 Les mots en couleur sont-ils des adjectifs qualificatifs ou des participes passés (nature) ? Précisez s'ils sont épithètes ou apposés (fonction).

1. **Énorme**, ce lapin ne rentrera pas dans la cage ! ……
2. On vendait sur le marché d'**énormes** lapins. ……
3. Un lapin **énorme** traversa soudain la route. ……
4. **Vénéneuses**, les colchiques qui poussent dans les prés peuvent empoisonner les vaches. ……
5. Dans ce champ poussent des champignons **vénéneux**. ……
6. Personne ne croira cette histoire **absurde** ! ……
7. **Épuisé**, il s'endormit à table… ……
8. Cette carte permet de repérer le chemin **parcouru**. ……
9. **Affamé**, il se jeta sur le poulet **carbonisé**. ……

S'entraîner

2 Les adjectifs en couleur sont-ils épithètes ou attributs du sujet ?

1. Cette voiture **rouge** coûte quinze mille euros. …… – **2.** Tu as acheté une voiture **neuve** ? Tu es **fou** ! Ton compte en banque est **vide** et tes placements **boursiers** ont perdu toute leur valeur… …… …… …… …… – **3.** Le temps s'annonce **maussade** aujourd'hui. …… – **4.** Le temps **maussade** les a dissuadés de faire du voilier. …… – **5.** Il prétend que les arbres de cette forêt sont tous **centenaires**. …… – **6.** La hyène **rieuse** pousse d'**étranges** cris dans la plaine **désertique**. …… …… …… – **7.** La hyène est **rieuse** ; pourtant elle ne semble pas **populaire** ! …… …… – **8.** Ce château est hanté par un **vieux** fantôme. …… – **9.** Je sais que ce fantôme est **vieux** car son linceul est **fripé**. …… …… – **10.** Ton téléphone portable me semble beaucoup plus **léger** que le mien. …… – **11.** Les téléphones les plus **légers** sont les plus chers. ……

13 Les fonctions de l'adjectif qualificatif

3 Indiquez si les adjectifs et les participes passés en orange sont épithètes ou attribut du C.O.D.

Exemples : Je connais un homme fou. (adjectif épithète)
Tu me rends fou. (attribut du C.O.D.)

1. Je vois un chat **noir**. ………… – **2.** Cette lessive rend réellement le linge **blanc**. ………… – **3.** L'orage l'a rendu **nerveux**. ………… – **4.** J'ai fait d'**horribles** cauchemars. ………… – **5.** Dans ce film, le héros combat des monstres **redoutables**. ………… – **6.** Stéphanie m'a fait écouter une musique **géniale** ! ………… – **7.** Mon parrain m'a offert un **superbe** bracelet pour mon anniversaire. ………… – **8.** Vous pouvez tenir pour **définitif** notre accord. ………… – **9.** Le professeur déclare l'interrogation **terminée**. …………

4 Transformez ces adjectifs attributs du sujet en adjectifs apposés.

Exemple : Il est intéressé ; il voudrait s'associer aux Italiens. → Intéressé, il voudrait s'associer aux Italiens.

Aide Il faut supprimer un verbe dans chacune des phrases.

1. Tu sembles amusée ; tu écoutes cette histoire avec intérêt.

…………

2. Claire est vieille ! Elle ne devrait plus porter de mini-jupes !

…………

3. Charles est devenu ennuyeux et il fait fuir tout le monde…

…………

4. Audrey s'est déclarée fatiguée ; elle ne viendra pas au cinéma avec nous.

…………

5. Cette villa est charmante ; elle va plaire à ta mère.

…………

6. Laure et Arnaud sont rayonnants, ils annoncent leur mariage.

…………

7. Michel et Fabien paraissent solides ! Ils ont encore gagné le tournoi de tennis.

…………

5 Indiquez dans cet extrait la fonction des adjectifs ou participes passés en orange.

Tandis qu'il finissait de déjeuner, il se sentit **inquiet**. Quelque chose le tracassait. D'abord, il faut que tu trouves un **nouvel** abri. Maintenant qu'il voyait sa grotte au grand jour, il constatait à quel point elle était **vulnérable**. Des graffiti **tracés** au magic marker s'étalaient sur un **gros** rocher **proche**. Cela signifiait que des gens passaient dans le coin et qu'il risquait d'être **découvert**.

D'après E. H. Rhodes, *Le Prince de Central Park*.

…………

…………

…………

6 Complétez ce texte avec les adjectifs proposés en faisant l'accord, si nécessaire. Précisez ensuite leur fonction entre parenthèses.

rongé – entêtant – rituel – macabre – tombal – agité – plein – intense – grand

Un ………… (…………) cimetière sous la lune

Le samedi soir, lorsque la lune est ………… (…………), une vie ………… (…………) règne dans le grand cimetière. Sur les tombes, s'épanouissent d'………… (…………) fleurs ………… (…………), que viennent cueillir des zombies. En respirant leur parfum ………… (…………), ces créatures deviennent très ………… (…………) et entament une danse rituelle. C'est alors que les pierres ………… (…………) se soulèvent et que surgissent des corps à demi ………… (…………).

14 Les propositions indépendantes/principales/subordonnées

Observer et retenir

■ Une **phrase simple** comporte une seule proposition.
Exemple : Cette leçon me passionne.

■ Une **phrase complexe** comporte plusieurs propositions. On trouve :
- des propositions indépendantes ; elles peuvent être :
  - **juxtaposées** (signe de ponctuation) : Je regarde ce film, il me passionne.
  - **coordonnées** (mais, ou, et, donc, or, ni, car) : Je regarde ce film **car** il me passionne.
- une proposition principale et une proposition subordonnée :

Je regarde ce film **qui** me passionne
(regarde : verbe principal ; passionne : verbe subordonné)

Remarque ▸ La proposition subordonnée dépend de la proposition principale ; elle ne peut pas fonctionner seule.

■ La **proposition subordonnée** peut être :
- introduite par un mot subordonnant ; on parle alors de proposition :
  - **relative** (introduite par un pronom relatif) : Je regarde ce film **qui** me passionne.
  - **interrogative indirecte** (introduite par si – interrogation totale – ou un mot interrogatif – interrogation partielle) : Je me demande **si** autre chose m'intéresserait autant.
  - **conjonctive complétive** (introduite par que) : Mes amis savent **que** ce film me passionne.
  - **conjonctive circonstancielle** (introduite par une autre conjonction de subordination) : Je regarde ce film **parce qu'**il me passionne.
- sans mot subordonnant ; on parle alors de proposition :
  - **participiale** : Je regarde ce film, les acteurs étant remarquables.

Attention ▸ Le sujet du verbe au participe est différent du sujet du verbe principal.
  - **infinitive** : J'écoute les comédiens dire leur texte.

Attention ▸ Le sujet du verbe à l'infinitif est différent du sujet du verbe principal.

Appliquer

1 Combien y a-t-il de propositions dans ces phrases ? Distinguez chacune d'elles à l'aide de crochets.

1. Je fis signe à Barnabé de se taire mais il hurla de plus belle. (......) – **2.** Elle me raconta qu'elle était la grand-mère de Barnabé. (......) – **3.** J'essayai de la rassurer mais elle semblait de plus en plus inquiète, si bien que je paniquai... (......) – **4.** Dès que j'ôtais ma main de sa bouche, ses cris reprenaient de plus belle. (......) – **5.** Je secouai l'enfant pour qu'il se taise. (......) – **6.** Tout au long de la conversation, Barnabé n'a cessé de pleurer. (......) – **7.** Barnabé s'est calmé lorsqu'il a aperçu le chien de la grand-mère. (......) – **8.** Ce chien était un gros berger au pelage soyeux et au regard apaisant. (......) – **9.** L'enfant s'est précipité sur le gros chien ; il l'a caressé ; il lui a murmuré à l'oreille et ils se sont allongés tous deux. (......)

2 Soulignez les propositions subordonnées.

1. Comme le dîner était affligeant, je suis montée dans ma chambre et j'ai révisé mes verbes irréguliers. – **2.** Je me demande souvent si Dieu existe. – **3.** Bien que j'aie pris de bonnes résolutions après les vacances de Noël, ma moyenne n'a cessé de baisser... – **4.** Quand j'étais enfant, je passais mon temps à lire. – **5.** Elle a perdu le foulard que sa mère lui avait prêté. – **6.** Les huîtres n'étant pas fraîches, tous les invités furent malades. – **7.** Tu avais promis que tu viendrais. – **8.** Je peux regarder les autres travailler pendant des heures... – **9.** Elle a passé ses vacances sur une île où le climat est tropical, où les plages sont immenses et désertes. – **10.** Je ne savais pas que tu viendrais. – **11.** La lettre que nous avons reçue ce matin était destinée au voisin. – **12.** Juliette dit au moniteur que son cheval est nerveux. – **13.** Nous craignons que les vaches ne soient atteintes de la maladie de la vache folle. – **14.** Le logiciel que vous utilisez est dépassé.

3 Dans chaque phrase, soulignez la proposition subordonnée relative.

1. Gustave, qui ne savait même pas encore lire ni écrire, déclara qu'il serait écrivain. – **2.** À neuf ans, il était déjà l'auteur de nombreuses pièces de théâtre qu'il s'amusait à jouer avec sa sœur et son ami. – **3.** À dix ans, il entra au collège de Rouen où il fut interne – **4.** À vingt-deux ans, Gustave apprit qu'il était atteint de cette maladie que l'on nomme épilepsie. – **5.** Au Croisset, ses crises s'espacèrent mais Gustave sut que son temps était précieux et qu'il devait le consacrer à la seule chose qui comptait pour lui : la littérature.

4 Les phrases suivantes sont composées de deux propositions indépendantes juxtaposées. Transformez-les afin d'obtenir une proposition principale et une proposition subordonnée relative.

Exemple : On m'a donné un chaton ; ce chaton est gris. → On m'a donné un chaton qui est gris.

1. Il commanda une soupe à l'oignon ; il versa cette soupe sur la tête de son patron.

2. Hélène observa la lettre ; cette lettre était pliée de travers.

3. Je vous conseille la lecture du roman *Madame Bovary* ; ce roman a été adapté au cinéma.

4. Je me souviens de cette maison ; les volets de cette maison étaient bleus.

5 a. Soulignez les propositions subordonnées participiales quand vous en repérez, et soulignez leur sujet.

1. Le pétrole étant devenu une substance rare, tous s'efforcent de l'économiser. – **2.** L'arrivée de Vercingétorix ayant été annoncée, les Romains s'enfuirent. – **3.** La gorge nouée par l'angoisse, il fut dans l'incapacité de répondre. – **4.** N'ayant aucune notion de géographie, il marchait au hasard.

b. Leur sujet est-il le même que dans la proposition principale ?

6 Précisez la nature des propositions en vert.

Le Morglaf ne réagit pas. Erwann tâta ses blessures. Certaines avaient pris un vilain aspect. À sa respiration haletante, le jeune homme devina **que la bête souffrait** (1). **Quand il effleura le collier à pointes** (2), elle émit un grondement sourd mais le laissa faire. En un tournemain, il l'en débarrassa. Puis, il caressa avec douceur les plaies **qui suintaient encore** (3) [...] **Bien qu'il fît encore nuit** (4), les quais grouillaient de monde.

D'après Michel Honaker, *Erwann le Maudit*.

1. ……………… **3.** ………………

2. ……………… **4.** ………………

7 Les propositions des phrases suivantes sont-elles juxtaposées ou coordonnées ? Reliez-les de manière à faire de l'une une principale et de l'autre une subordonnée. Donnez la nature de chaque subordonnée.

1. Théophyllus tremblait tellement, il lâcha le chandelier.

2. Les deux amis étaient très fatigués : ils avaient couru toute la journée.

3. Erwann dut quitter Maureen car les hommes revenaient pour le tuer.

4. Il allait enfourcher son cheval : un petit rire étouffé tinta.

15 La proposition subordonnée relative

Observer et retenir

Exemple : L'homme [qui a été arrêté] était mon voisin !
antécédent proposition subordonnée relative

- La **proposition subordonnée relative** est une expansion du nom ou du pronom ; elle dépend toujours d'une proposition principale et ne peut être employée seule.
- La proposition relative a une fonction : elle est **complément** de l'antécédent du pronom relatif.
- Les pronoms relatifs reprennent des noms ou des pronoms et ont une **forme simple** (qui, que, quoi, dont, où) ou **composée** (lequel, laquelle, desquels, duquel, auquel, etc.).
- Le nom ou le pronom repris s'appelle l'**antécédent**.
- Les **pronoms relatifs** introduisent les propositions subordonnées relatives et la plupart ont des fonctions du nom.
- Parfois, le verbe de la proposition relative est au subjonctif :
  – quand on sous-entend une **incertitude**, quand on envisage l'action dans sa **possibilité** et non dans sa réalité ;
  – quand la proposition relative exprime une **idée circonstancielle** (Je cherche quelqu'un **qui puisse m'aider**.) ;
  – quand il y a un **superlatif relatif** (C'est l'insecte le plus répugnant **que je connaisse**.).
- Il existe des propositions subordonnées relatives sans antécédent qui ne se rapportent à aucun nom. La proposition relative est alors un constituant du groupe verbal.

Exemple : **Qui va à la chasse** perd sa place.
sujet du verbe perdre

Appliquer

1 Soulignez les propositions subordonnées relatives et entourez l'antécédent.

Quiconque a un jour dormi à la belle étoile sait à quel point c'est agréable. Je crois que j'aime vraiment sentir la fraîcheur de la nuit qui descend sur moi, alors que je suis au chaud dans mon duvet, dont le tissu me protège de l'humidité. Ce duvet, que Sophie m'a prêté, est celui qu'elle utilise lors de ses randonnées en montagne et je sais que je ne risque pas de prendre froid car il résiste aux intempéries les plus redoutables. Sophie aime les grands paysages, face auxquels on se sent tout petit ; moi je préfère les paysages de campagne, les étables dans lesquelles on entend le mugissement des vaches, les prairies où l'on peut courir ou cueillir des fleurs... Je pense que Sophie, qui raffole des montagnes, serait insensible à la sérénité de ces moments-là... C'est pourtant ce à quoi j'aspire.

S'entraîner

2 Transformez ces phrases en évitant la répétition du mot souligné.

Exemple : J'ai les clefs d'une voiture. La voiture est rouge. → La voiture **dont** j'ai les clefs est rouge.

1. Xavier a acheté une encyclopédie. L'encyclopédie a coûté cent cinquante euros. ……
2. Les ouvriers construisent cet immeuble. Les ouvriers sont très nombreux. ……
3. J'ai prêté mille euros à Thierry. Thierry avait un découvert à la banque. ……
4. Le voleur a surgi de la chambre. La chambre était plongée dans l'obscurité. ……
5. Tu as besoin d'un tournevis. Ce tournevis est cruciforme. ……
6. Je me suis adressée à un contrôleur. Le contrôleur n'était pas aimable. ……
7. Samedi, nous sommes invités à une fête. La fête est organisée par mon cousin. ……

16 La proposition subordonnée conjonctive introduite par « que »

Observer et retenir

Exemple : Ce cycliste crie partout **que ce vélo est révolutionnaire**.

- La proposition subordonnée conjonctive introduite par **que** suit :
  - des verbes de **déclaration** : chuchoter, marmonner, confier, avouer, dire, promettre, jouer, clamer, etc.
  - des verbes d'**opinion** : savoir, croire, penser, considérer, être certain, estimer, etc.
    Le verbe de la proposition subordonnée conjonctive qui suit est alors à l'**indicatif**.
    Exemple : Il précise **que son vélo est unique.**
  - des verbes de **volonté** : vouloir, souhaiter, imposer, permettre, défendre, etc.
  - des verbes de **sentiment** : aimer, apprécier, craindre, tolérer, déplorer, etc.
    Le verbe de la proposition subordonnée conjonctive qui suit est alors au **subjonctif**.
    Exemple : Il interdit **que les journalistes prennent des photos**.

- Ces propositions introduites par **que** sont le plus souvent des C.O.D. du verbe de la proposition principale.
Elles peuvent être aussi :
  - sujet du verbe de la proposition principale : **Qu'il devienne champion ne m'étonne pas**.
  - sujet logique : Il serait normal **que les journalistes interviennent**.
  - attribut du sujet : Le mieux serait **qu'il livre son secret**.

Attention Ne confondez pas la proposition subordonnée conjonctive et la proposition subordonnée relative qui, elle, dépend d'un antécédent (nom, G.N., pronom) qu'elle complète, et que l'on peut supprimer.

Exemple 1 : Nous avons acheté le vélo **qu'il vantait**.
antécédent/proposition subordonnée relative

Exemple 2 : Il ne tolère pas **que nous ayons acheté ce vélo**.
proposition subordonnée conjonctive

Appliquer

1 Transformez les phrases selon l'exemple proposé.

Exemple : Jean-Paul marmonne : « J'ai encore perdu ! » → Jean-Paul marmonne qu'il a encore perdu.

1. Le batelier déplore : « Ma péniche n'est plus utilisée. » Le batelier déplore que sa péniche ne soit plus utilisée
2. Alice suggère : « On mange une glace ? » Alice suggère qu'on mange une glace
3. Les élèves bredouillent : « Nous avons oublié notre travail... » Les élèves bredouillent qu'ils ont oublié leur travail...
4. J'ai promis : « Je viendrai t'aider à ranger la maison après la fête ». J'ai promis que je viendrai...

2 Soulignez les propositions subordonnées conjonctives et indiquez leur fonction.

1. Que ton père nous ait oubliés est honteux ! sujet
2. Le vendeur a crié que son poisson arrivait frais. COD
3. Le plus important était qu'elle chante. attribut sujet
4. Ton cousin a écrit qu'il viendrait. COD
5. Il paraît logique que tu aies ton examen. sujet
6. Cesse donc de me répéter que tu as trop de travail ! COD

16 La proposition subordonnée conjonctive introduite par « que »

3 Indiquez si que est pronom relatif ou conjonction de subordination.

	Pronom relatif	Conjonction de subordination
1. Téléphone-lui que nous venons.	☐	☒
2. Il me dit que nous abusons.	☐	☒
3. La guitare que tu vois m'appartient.	☒	☐
4. Assure ta mère que tu es prudent.	☐	☒
5. Prends le disque que tu désires.	☒	☐
6. Nous craignons que ton grand-père soit malade.	☐	☒
7. Paul jure ses grands dieux que ce n'est pas lui !	☐	☒
8. Apporte-moi l'album photos que j'aime tant.	☒	☐

4 Conjuguez les verbes au présent de l'indicatif ou du subjonctif.

1. Je préfère qu'elle (prendre) prenne son chien.
2. Le patron suggère que nous (aller) allions en stage.
3. Je sais que le mécanicien (faire) fait son possible.
4. Le moniteur impose que nous (marcher) marchions encore.
5. Je voudrais que tu t'en (souvenir) souviennes longtemps !
6. Il est clair qu'ils n' (avoir) ont pas d'argent !
7. Je ne trouve pas que cet exercice (être) soit difficile.
8. Le vétérinaire constate que ce poney (aller) va. mieux.

5 Une fois complétée, cette grille de mots croisés révélera sept verbes pouvant introduire une proposition subordonnée complétive, introduite par que. Quels sont-ils ?

Horizontalement
1. Dire des choses drôles.
2. Elle se plaint souvent – Article défini.
3. Les moutons appartiennent à leur famille – Pour s'asseoir.
4. Pronom personnel 2ᵉ pers. sing. – Prédire.
5. Période très longue – L'acteur joue le sien.
6. Raconte – Préposition.
7. Pronom personnel – Plante potagère.
8. À l'envers, pâture – Rapporte en moins de mots.
9. Songe – Oiseau.

Verticalement
A. Contester.
B. Certains ratons le font souvent – Aurochs.
C. Avec Baba, a découvert un trésor – Préposition – Contravention.
D. Victoire de Napoléon – À l'envers, article défini.
E. Chuchoter.
F. Plus fort que le roi dans la bataille – Vallées étroites et encaissées.
G. Nuage de gaz et de poussière interstellaire.
H. Cent mètres carrés – Les prisonniers voudraient bien le faire !
I. Ville des Pyrénées orientales – Après l'heure, il prend un « e » ; avant, il n'en prend pas.
J. Récrier au subjonctif présent, 3ᵉ pers. sing. – Permet de former le gérontif.

	A	B	C	D	E	F	G	H	I	J
1										
2								■		
3						■				
4			■							
5				■					■	
6		■						■		
7			■							■
8				■						
9					■					

1. ____________
2. ____________
3. ____________
4. ____________
5. ____________
6. ____________
7. ____________

17 Les propositions subordonnées conjonctives circonstancielles de temps

Observer et retenir

- Les propositions subordonnées conjonctives circonstancielles de temps peuvent exprimer le **moment de l'action**.

Exemple 1 : Quand le bateau rentra au port, on découvrit la pêche miraculeuse.
Un moment précis

Exemple 2 : Pendant que les antilopes boivent, la lionne s'approche lentement.
La durée

Exemple 3 : À chaque fois qu'il pleut, le chat se gratte l'oreille.
La fréquence

- Elles peuvent aussi apporter une information sur la **chronologie**.

Exemple 4 : Après que l'équipe de France a remporté le dernier match, les supporters ont dansé dans la rue.
L'antériorité (l'action de la subordonnée se situe avant l'action de la principale. Attention, le verbe est à l'indicatif)

Exemple 5 : Avant que tu fasses de la plongée, il faut que tu apprennes à nager.
La postériorité (l'action de la subordonnée se situe après l'action de la principale)

Exemple 6 : Jennifer chante pendant que Dan joue du piano.
La simultanéité (les deux actions ont lieu en même temps)

Appliquer

1 Quelle nuance de temps identifiez-vous ?

1. Lorsque j'ai voulu toucher le fantôme, mon bras est passé à travers lui ! ……………………
2. Va vite acheter de l'ail pendant que le vampire dort ! ……………………
3. Nous commencerons à fouiller le château dès que tu seras arrivé. ……………………
4. À chaque fois que c'est la pleine lune, les loups de la forêt hurlent. ……………………

S'entraîner

2 Transformez les propositions indépendantes soulignées en propositions subordonnées conjonctives, en les introduisant par la conjonction de subordination appropriée.

1. Elle a rencontré la famille Addams, elle s'habille en noir.
……………………
2. Je quittais le château, j'eus une étrange sensation.
……………………
3. Nous voulons jeter un sort, nous prononçons une formule magique.
……………………
4. Tu pourras rejoindre tes amis, tu auras terminé tes devoirs.
……………………

3 Conjuguez les verbes correctement, en étant particulièrement attentif au mode (indicatif ou subjonctif).

1. Tandis que le touriste (lire) …………………… le plan, le pickpocket a volé son portefeuille.
2. Tu sortiras quand tu (ranger) …………………… ta chambre.
3. Il s'est mis à pleuvoir juste après que nous (sortir) …………………… .
4. Rentrons avant qu'il (pleuvoir) …………………… .

18 Les subordonnées circonstancielles de cause, de conséquence et de but

Observer et retenir

■ **Rappel :** La cause, la conséquence et le but peuvent s'exprimer de plusieurs manières, parmi lesquelles les propositions subordonnées. La cause et la conséquence sont liées : on choisit de mettre en valeur l'une ou l'autre.

■ La **cause** met en évidence l'**origine d'un fait**.
Exemple 1 : Le vampire vient en ville parce qu'il a besoin de sang frais.

> Les propositions subordonnées conjonctives de **cause** sont introduites par : **parce que**, **comme**, **puisque**, **sous prétexte que**, **étant donné que**.

Exemple 2 : Le sang venant à manquer, le vampire se rend en ville.

> Les propositions subordonnées **participiales** ont un sujet différent de celui de la principale.

■ La **conséquence** insiste sur le **résultat**.
Exemple 3 : Le vampire a besoin de sang frais, si bien qu'il vient en ville.

> Les propositions subordonnées conjonctives de **conséquence** sont introduites par : **si bien que**, **de sorte que**, **si… que**, **tellement… que**, **assez… pour**.

■ Le **but** est le **résultat visé**, ce pour quoi on agit.
Exemple 4 : Le vampire se rend en ville, de peur que le sang ne manque.

> Les propositions subordonnées conjonctives de **but** sont introduites par : **afin que**, **pour que**, **de peur que**…

Remarque ▸ Le verbe se conjugue au subjonctif.

Appliquer

1 Soulignez l'expression de la cause et indiquez s'il s'agit d'une proposition subordonnée (PS) ou pas.

1. Le professeur étant de mauvaise humeur, nous avons sorti nos cahiers tout de suite. ________ – **2.** Par ta faute, nous sommes arrivés en retard ! ________ – **3.** Comme nous t'attendions, nous avons raté le train. ________ – **4.** J'ai soif : prenons un verre dans ce café ! ________

S'entraîner

2 Indiquez si les propositions subordonnées expriment la cause, la conséquence ou le but.

1. Karim réussit si bien les crêpes que j'en mangerais des dizaines ! ________
2. Nos parents étant partis, nous pouvons faire ce que nous voulons ! ________
3. Nous irons en Corse en bateau puisque Pauline a peur en avion. ________
4. Il faut t'entraîner sérieusement pour que tu puisses réussir. ________

3 Transformez ces phrases pour obtenir des propositions subordonnées circonstancielles.

1. Nino n'a pas pu sortir son nouveau vélo : il pleuvait. ________
2. J'adore cette chanteuse : j'irai à tous ses concerts ! ________
3. Il fait chaud : nous partons à la plage. ________

19 Les voix active et passive/ Le complément d'agent

Observer et retenir

Pierre répare **ma moto**. → Le sujet est **actif** (voix active).
sujet — C.O.D.

Ma moto est réparée **par Pierre**. → Le sujet est **passif**, c'est-à-dire qu'il subit l'action exprimée par le verbe (*cf.* le latin *patior* : subir).
sujet — complément d'agent

On forme la voix passive en utilisant l'**auxiliaire être au temps voulu, suivi du participe passé**.
Seuls les verbes transitifs (qui admettent un C.O.D.) peuvent se mettre à la voix passive.
Le passif implique un **agent de l'action** : c'est la fonction **complément d'agent** (ici : par Pierre).
Parfois, le complément d'agent n'est pas exprimé : Ce mur a été détruit.

Remarque ▸ N'oubliez pas d'**accorder le participe passé** en genre et en nombre **avec le sujet**.

Appliquer

1 Précisez pour chaque phrase si le verbe est à la voix active ou passive. Dans le cas de formes passives, soulignez le complément d'agent, quand il est exprimé.

1. Les loups ont été réintroduits dans le parc du Mercantour. Voix passive
2. Margaux et Stéphanie sont arrivées par le train. active
3. Les coureurs ont été gênés par la pluie. passive
4. Hélène est sortie cette nuit. active
5. Les pêcheurs étaient partis en mer par mauvais temps. active
6. Ce roman ne fut publié qu'après la mort de l'écrivain. passive
7. Avec une tenue pareille, tu seras critiqué par tout le monde ! passive

S'entraîner

2 Analysez les formes suivantes (voix, mode, temps) et donnez l'infinitif de chaque verbe.

1. Il sera conduit. passive - indicatif futur ?
2. Nous avions été transportés.
3. Vous fûtes arrosés.
4. Il aura fait.
5. Tu as été déçu.
6. J'étais guidé.
7. Ils eurent trouvé.

3 Transformez les phrases suivantes à la voix passive.

1. Les enfants regardent souvent la télévision le mercredi.
La télévision est souvent regardé par les enfant le mercredi
2. Le jardinier arrose les plantes même quand il pleut.
Les plantes sont arroser par le jardinier même quand il pleut
3. Le professeur nous expliqua un texte fort ennuyeux.
un texte fort ennuyeux est expliqué par le prof

CORRIGÉS

LE MOT

1. Le nom, page 4

❶ **1.** insecte – **2.** charcuterie – **3.** habitation.

❷

arme	bateau	mammifère	gâteau
massue	canot	dauphin	chou
revolver	chalutier	baleine	far
épée	paquebot	vache	religieuse
couteau	vaurien	cheval	clafoutis

❸ **1.** nom commun masculin concret animé dénombrable – **2.** nom commun féminin abstrait – **3.** nom commun masculin concret animé dénombrable – **4.** nom commun féminin abstrait – **5.** nom commun féminin concret animé dénombrable.

❹ **1.** Le noir vous va si bien ! – **2.** Un passant a été tué lors du hold-up. – **3.** Nous expliquera-t-il enfin le pourquoi de cette attitude ? – **4.** Le devoir m'appelle. – **5.** Un imprudent s'est fait écraser en traversant l'autoroute.

❺ **1.** pollution sérieuse de l'eau de la piscine – **2.** attaque de la banque par trois vieillards masqués – **3.** aujourd'hui, lavage gratuit des voitures – **4.** connexion à Internet de notre établissement – **5.** inondation de ta chambre – **6.** brièveté du match de tennis – **7.** rupture des ligaments – **8.** reprise des hostilités en Moldavie – **9.** échec du Brésil en finale.

❻ **1.** la vérité : ce n'est ni un adjectif ni un participe substantivé. – **2.** un chef-lieu : le premier mot n'est pas un verbe. – **3.** des cailloux : nom dénombrable. – **4.** un genou : prend un *x* au pluriel. – **5.** la recherche : abstrait. – **6.** la réalisation : formé à partir d'un verbe et non d'un adjectif. – **7.** l'allégresse : formé à partir d'un adjectif et non d'un verbe.

❼ **1.** J'adore me promener dans mon jardin au lever du soleil. – **2.** Peux-tu m'indiquer la préparation des tartelettes amandines ? – **3.** Marion ignorait votre venue dimanche. – **4.** J'ai longtemps regardé la circulation des cyclistes sur le boulevard. – **5.** Le toucher de ce tissu procure une sensation très désagréable. – **6.** Les ouvriers s'interrogent sur le devenir de leur entreprise après cet incendie.

2. Les déterminants du nom : articles et adjectifs, page 6

❶ **1. Un :** article indéfini – **les :** article défini – **la :** article défini – **Cette :** adjectif démonstratif – **quel :** adjectif exclamatif – **plusieurs :** adjectif indéfini – **le :** article défini – **leurs :** adjectif possessif – **mille :** adjectif numéral cardinal – **ce :** adjectif démonstratif. – **2. mon :** adjectif possessif – **une :** article indéfini – **quelques :** adjectif indéfini.

❷ **a. 1.** sa ; du – **2.** une – **3.** ta – **4.** son ; quelque – **5.** autres ; le – **6.** la ; six.
b. quelle ; cette ; chaque ; un ; du ; divers ; ce ; sa ; cent ; son.

❸ **1.** défini par son unicité – **2.** défini par son unicité – **3.** défini par son unicité – **4.** sens général – **5.** défini par le contexte – **6.** défini par son unicité – **7.** connu par l'expérience commune.

❹ Cet – chaque – un – Quels – Tous – les – mille – Aucune – notre – quelques – nos – un.

❺ **1.** défini contracté – **2.** défini contracté – **3.** partitif – **4.** défini contracté – **5.** partitif – **6.** partitif.

❻ **1.** ! – **2.** ? – **3.** ? – **4.** ! – **5.** ? – **6.** ? – **7.** !.

❼ Quelques – tous – Chaque – nul – mille.

3. Les pronoms, page 8

❶ **1.** J' (oui, il renvoie à la situation d'énonciation) – **2.** On (non) ; rien (non) – **3.** Nous (oui) ; en (oui) – **4.** Vous (oui) ; ici (oui) – **5.** Moi (oui) ; cela (oui) – **6.** Tous (non) ; personne (non).

❷ **1.** Je, pronom personnel, renvoie à la situation d'énonciation ; l', pronom personnel(le), renvoie au livre – **2.** Vous, pronom personnel, renvoie à la situation d'énonciation ; y, pronom personnel (adverbial), renvoie à la situation d'énonciation – **3.** Je, pronom personnel, renvoie à la situation d'énonciation ; y, pronom personnel, renvoie aux fantômes ; m', pronom personnel (me), renvoie à la situation d'énonciation ; vous, pronom personnel, renvoie à la situation d'énonciation – **4.** J', pronom personnel (je), renvoie à la situation d'énonciation ; aucune, pronom indéfini, renvoie à Lou, Fatou et Nina – **5.** Je, pronom personnel, renvoie à la situation d'énonciation ; tout, pronom indéfini, renvoie à la situation d'énonciation.

❸ **1.** Te souviens-tu de **lui** ? – **2. Y** vas-tu cet été ? Moi, j'**en** reviens. – **3. L'**est-elle vraiment ? – **4. L'**avez-vous prise ? Ils **les** ont prises. **5.** Est-ce toi qui **les** as toutes mangées ? – **6.** Ne prends pas **celles-ci**, elles ne **le** sont pas !

❹ **1.** Elle n'a rien fait. – **2.** Nul n'est censé ignorer la loi. – **3.** Personne ne te croira. – **4.** Je ne connais pas cela. – **5.** Lesquels de ces livres n'as-tu pas encore lus ? – **6.** Des phoques, je n'en ai vu aucun sur la banquise.

❺ **1.** qui – il – il – qui – l' – ils – quelqu'un – nous – le – **2.** ce – il – un autre – ce – qui – c' – on – les – **3.** ils – ils – ils – ça – leur – les autres – ils – y.

4. Les adverbes : formation et fonctions, page 10

❶ **1.** fraîchement – **2.** consciemment – **3.** sainement – **4.** finalement – **5.** conformément – **6.** absolument – **7.** brièvement – **8.** amoureusement – **9.** galamment – **10.** bruyamment – **11.** cordialement – **12.** intensément – **13.** sincèrement – **14.** naïvement.

❷ **1.** L'avant-centre italien devra s'attendre à être sanctionné sévèrement. – **2.** En safari, on demande toujours aux touristes de respecter scrupuleusement les consignes. – **3.** Tu parles à tes parents en craignant qu'ils réagissent furieusement. – **4.** Vos vêtements délicatement parfumés me rappellent la lavande de Grignan. – **5.** Au monstre de l'égout, il a fallu attendre péniblement avant de se transformer en prince. – **6.** Le président apparut brièvement.

❸ **1.** adverbe, C.C. temps – **2.** G.N. prépo. C.C. manière – **3.** adverbe, C.C. manière – **4.** G.N. prépo. C.C. temps – **5.** G.N. prépo. C.C. manière – **6.** G.N. prépo. C.C. temps – **7.** G.N. prépo. C.C. temps – **8.** adverbe, C.C. manière – **9.** G.N. prépo. C.C. manière – **10.** adverbe, C.C. manière.

❹ **1.** ligament – **2.** redoublement – **3.** cantonnement – **4.** fléchissement – **5.** adhérent – **6.** plissement – **7.** événement – **8.** sapement – **9.** toussotement – **10.** boisement.

❺ **1.** liaison – **2.** opinion ; C.C. manière – **3.** interrogation – **4.** négation – **5.** interrogation – **6.** négation – **7.** opinion – **8.** opinion – **9.** temps ; temps – **10.** négation – **11.** temps – **12.** quantité – **13.** manière ; manière – **14.** manière.

5. Bilan : la nature des mots, page 12

❶ **1.** nous : pronom personnel – **2.** mon : adjectif possessif – **3.** grand : adjectif qualificatif – **4.** promis : participe passé – **5.** des : article indéfini – **6.** légèrement : adverbe – **7.** l' : pronom personnel (le) – **8.** avec : préposition – **9.** alcool : nom commun – **10.** boum : onomatopée – **11.** toute : adverbe – **12.** tous : adjectif indéfini – **13.** bien : adverbe – **14.** que : conjonction de subordination – **15.** à : préposition – **16.** gamba : nom commun.

❷ **1.** diverses : adjectif indéfini – **2.** Lorsque : conjonction de subordination – **3.** dans : préposition – **4.** à : préposition – **5.** qui : pronom relatif – **6.** Beurk : onomatopée.

❸

fonction	nature
attribut du sujet	adjectif qualificatif participe passé groupe nominal
complément d'agent	préposition + nom préposition + G.N. préposition + pronom indéfini
C.O.D.	pronom personnel nom verbe à l'infinitif groupe nominal
C.C. d'opposition	préposition + G.N. proposition sub. conjonctive
C.C. manière	adverbe préposition + nom
complément de l'adjectif	préposition + G.N. proposition sub. conjonctive
attribut du sujet	adjectif qualificatif
complément d'objet second	préposition + nom préposition + verbe à l'infinitif
C.C. cause	proposition indépend. coord. proposition sub. conjonctive préposition + nom

❹ **1.** vrai – **2.** faux – **3.** vrai – **4.** vrai – **5.** vrai – **6.** faux – **7.** faux – **8.** faux – **9.** faux – **10.** faux – **11.** vrai – **12.** vrai – **13.** vrai – **14.** faux – **15.** faux.

6. Figures d'opposition et d'exagération, page 14

❶ vis/meurs ; me brûle/me noie ; chaud/froidure ; molle/dure ; ennuis/joie.

❷ **1.** hyperbole – **2.** hyperbole – **3.** antithèse – **4.** hyperbole – **5.** antithèse – **6.** hyperbole – **7.** hyperbole – **8.** hyperbole – **9.** antithèse – **10.** antithèse.

❸ **1.** Le lièvre démarra avec rapidité, la tortue avançait avec lenteur. – **2.** La vérité est parfois difficile à entendre, le mensonge beaucoup plus doux. – **3.** Sa fille incarnait la beauté alors que lui n'était que laideur. – **4.** Tu as été paresseux tout l'été ; à la rentrée, essaie de devenir travailleur ! – **5.** Même si tes camarades se montrent négligents, tu dois rester sérieux. – **6.** Si cet auteur incarne le vice, cet autre fait heureusement l'apologie de la vertu.

❹ **1.** un géant – **2.** une star – **3.** un chef-d'œuvre/un best-seller – **4.** un monstre – **5.** mourir de faim – **6.** mourir d'ennui – **7.** réduire quelqu'un au silence – **8.** c'est extraordinaire/super/génial.

7. Figures de ressemblance, page 15

❶ **1.** le Japon – **2.** Mars – **3.** l'équipe de France – **4.** Louis XIV – **5.** la télévision – **6.** Molière – **7.** le vélo – **8.** l'Amérique.

❷ **1.** Tous les jours il écoute Mozart. (la musique composée par Mozart) – **2.** As-tu vu le dernier Spielberg ? (le film réalisé par Spielberg) – **3.** Je préfère l'épisode où les mousquetaires croisent le fer. (se battent à l'épée) – **4.** Boire un verre de trop peut avoir des conséquences dangereuses. (une boisson alcoolisée) – **5.** En famille, on aime pratiquer la voile. (le bateau à voile)

❸ **1.** Si on ne limite pas la pollution, la planète bleue est menacée. – **2.** La capitale française attire les touristes du monde entier. – **3.** Le roi des forêts orne les maisons à Noël. – **4.** L'auteur des *Misérables* avait pris conscience de la misère du peuple. – **5.** J'apprends la langue de Shakespeare depuis la 6ᵉ. – **6.** L'astre du jour brille de mille feux.

❹ **1.** métonymie (le président de la République habite le palais de l'Élysée) – **2.** métonymie (du courage) – **3.** périphrase (le soir).

8. Les suffixes, page 16

❶ couloir – baignoire – patinoire – bouilloire – mangeoire – perchoir – fumoir.

❷ **1.** bestiole – **2.** voiturette/carriole – **3.** gloriole – **4.** capuchon – **5.** agnelet – **6.** croûton – **7.** garçonnet – **8.** fillette – **9.** sonnette – **10.** aiglon.

❸ **1.** pataud/lourdaud – **2.** blondasse – **3.** fuyard – **4.** marâtre – **5.** populace – **6.** mollasse.

❹ chevr<u>eau</u> : diminutive – court<u>aud</u> : péjorative – cage<u>ot</u> : diminutive – îl<u>ot</u> : diminutive – cuiss<u>eau</u> : diminutive – éléphant<u>eau</u> : diminutive.

❺ **1.** carrossable – **2.** potable – **3.** pitoyable – **4.** malléable.

9. Les préfixes, page 17

❶ connivence – confrère – contractant – codétenu – coexister – colocataire – compatir – concordance – corroborer.

❷ **1.** déstabiliser – **2.** désespoir – **3.** dérivation – **4.** détournement – **5.** débordement – **6.** déformé – **7.** découvrir – **8.** débrider – **9.** dériver – **10.** dérouler – **11.** déplacer.

❸ **1.** submerger – **2.** subordonner ou soumettre – **3.** substituer – **4.** sous-équipé.

❹ **1.** démon – **2.** bilan.

LA PHRASE

10. Le sujet et l'attribut du sujet, page 18

❶ **1.** bête – **2.** fatigué ; las de nos plaisanteries – **3.** plus dégagé – **4.** notre meilleur ami – **5.** Ø – **6.** Ø – **7.** Ø – **8.** beaucoup plus aimable – **9.** Ø – **10.** très rusé – **11.** Ø.

❷ **a. 1.** tu – **2.** Ce voyage – **3.** vous – **4.** Ø – **5.** L'un et l'autre – **6.** il – **7.** Souffler – **8.** c' – **9.** Que vous sachiez cela – **10.** Qui va à la chasse – **11.** Vous – **12.** ils – **13.** Ton oncle et tes cousins – **14.** Il – **15.** Il – **16.** d'énormes nuages noirs – **17.** la plupart des élèves ; le vacarme – **18.** Ça – **19.** Fournir de tels efforts.
b. On peut relever 7 attributs du sujet.

❸ Tout le monde est venu. – Tes sœurs sont ravies. – Tous les invités sont des amis de la mariée. – La foule s'emporta et courut aux marches du palais.

❹ Tes propos m'étonnent beaucoup. – L'aventure que vous avez vécue est surprenante. – Arriver à l'heure est très important pour le directeur. – Rencontrer des extraterrestres doit être une aventure formidable.

❺ **1.** jeune (adj. qual.) – **2.** très heureux (groupe adjectival) – **3.** la mienne (pronom possessif) – **4.** affolé (participe passé) – **5.** stupide (adj. qual.) – **6.** amoureuse de cet homme (groupe adjectival) – **7.** de rouler vite ; d'arriver (verbes à l'infinitif).

❻

	sujet	verbe d'état	attribut du sujet	nature de l'attribut
1	Cette voiture	était	performante	adjectif
2	Il	était	étudiant en entomologie	groupe nominal
3	Vous	semblez	épuisés	participe passé
4	Ce projet	s'est révélé	l'affaire du siècle	groupe nominal
5	Il	est	sûr de lui	groupe adjectival
6	Il	a l'air	bête	adjectif
7	Il	demeure	arrogant	adjectif qualificatif

11. C.O.D./C.O.I./C.O.S., page 20

❶ **1.** que (pronom interrogatif) ; qu'il a chaud (proposition subordonnée conjonctive) – **2.** avoir fermé la porte (groupe infinitif) – **3.** un bouquet de muguet (groupe nominal) – **4.** un scooter neuf (groupe nominal) – **5.** s'occuper de ce chaton (groupe infinitif) – **6.** moi (pronom personnel).

❷ **1.** en (C.O.I.) – **2.** lui (C.O.I.) – **3.** y (C.O.I.) – **4.** me (C.O.I.) – **5.** pourquoi suis-je observé par Sophie ; me (C.O.D.) – **6.** beaucoup de chocolat a été mangé par Geoffroy ; en (C.O.D.) – **7.** Vous êtes tenu par moi ; vous (C.O.D.) – **8.** lui (C.O.I.) – **9.** As-tu été invité par Clémence ? ; t' (C.O.D.) – **10.** moi (C.O.I.).

❸ **1.** C.O.D. de vouloir – **2.** C.O.I. de parle – **3.** C.O.D. de reprendrez – **4.** C.O.D. de vend – **5.** C.O.D. de reprendrais – **6.** C.O.I. de se soucie – **7.** C.O.I. de me préoccupe – **8.** C.O.D. de manger ; C.O.I. de se sert – **9.** C.O.I. de s'est servi – **10.** C.O.D. de achète.

❹ **2.** au policier – **6.** pour son frère ; à un clown – **7.** lui – **8.** vous – **10.** m'.

❺ **1.** que (C.O.D.) ; me (C.O.S.) – **2.** vous (C.O.D.) ; à nous suivre (C.O.S.) – **3.** lui (C.O.S.) ; des oranges (C.O.D.) – **4.** les moustiques (C.O.D.) ; de vous piquer (C.O.S.) – **5.** des messages de paix (C.O.D.) ; aux extraterrestres (C.O.S.) – **6.** nous (C.O.S.) ; des témoignages de leur vie quotidienne (C.O.D.) – **7.** te (C.O.D.) ; d'écouter (C.O.S.) – **8.** moi (C.O.D.) ; te (C.O.D.) ; qu'il n'y aura pas de cession de rattrapage (C.O.S.) ; ton solfège (C.O.D.).

❻ **1.** As-tu pris des bananes pour les ouistitis ? – As-tu appris la nouvelle à ta mère ? – Je vous invite à sortir. – Appelle le vétérinaire pour la vache. – Empêche-le de sortir. – **2.** Pourriez-vous rapporter l'ordinateur au service après-vente. – Fred a déclaré son amour à Célia. – Réclame un steak au cuisinier ! – Avez-vous des nouvelles pour moi ? – Achète du cirage pour mes bottes. – **3.** Rapporte du bois pour le feu. – Robert vend des poissons exotiques aux touristes. – Explique-le-lui. – Le chirurgien me demande de recoudre la plaie. – Le professeur de maths rendra-t-il les devoirs à ses élèves ?

12. L'attribut du C.O.D., page 22

❶ **1.** idiot (te) – **2.** costauds (les enfants) – **4.** tout petit (le monstre) – **6.** fiers de toi (tes parents) – **8.** fou d'amour (m') – **9.** toute ridée (la peau).

❷ **1.** quelqu'un d'autre/Elle a été prise pour quelqu'un d'autre par Léo. – **2.** sa meilleure amie/Léa est considérée par Sophie comme sa meilleure amie. – **3.** intelligente/Je suis jugée intelligente par les professeurs. – **4.** innocent/Il est cru innocent par les jurés.

❸ **1.** Le professeur a déclaré obligatoire que les élèves soient présents au cours de soutien. – **2.** Je tiens cet homme pour un fieffé menteur. – **3.** Patrick trouve stupide de courir derrière un ballon ; il considère le hockey comme un sport bien plus intelligent. – **4.** Sonya se prétend bonne cuisinière ; je tiens pour vrai ce qu'elle dit. – **5.** Jean-Jacques est tellement myope qu'il a pris cette vache pour un bison ! – **6.** Il ne faut pas me prendre pour un imbécile... – **7.** À quelques jours de la finale, on présente l'équipe d'Australie comme la grande favorite. – **8.** Depuis le début des vacances, je trouve Élise particulièrement agitée ! – **9.** Je considèrre Paul comme mon frère. – **10.** La classe a élu Clara déléguée. – **11.** Les élèves la trouvent responsable. – **12.** Ce film nous a laissés pantois.

13. Les fonctions de l'adjectif qualificatif, page 23

❶ **1.** adjectif qualificatif apposé – **2.** adjectif qualificatif épithète – **3.** adjectif qualificatif épithète – **4.** adjectif qualificatif apposé – **5.** adjectif qualificatif épithète – **6.** adjectif qualificatif épithète – **7.** participe passé apposé – **8.** participe passé épithète – **9.** participe passé apposé ; participe passé épithète.

❷ **1.** épithète – **2.** épithète ; attribut du sujet ; attribut du sujet ; épithète – **3.** attribut du sujet – **4.** épithète – **5.** attribut du sujet – **6.** épithète ; épithète ; épithète – **7.** attribut du sujet ; attribut du sujet – **8.** épithète – **9.** attribut du sujet ; attribut du sujet – **10.** attribut du sujet – **11.** épithète.

❸ **1.** épithète – **2.** attribut du C.O.D. – **3.** attribut du C.O.D. – **4.** épithète – **5.** épithète – **6.** épithète – **7.** épithète – **8.** attribut du C.O.D. – **9.** attribut du C.O.D.

❹ **1.** Amusée, tu écoutes cette histoire avec intérêt. – **2.** Vieille, Claire ne devrait plus porter de mini-jupes ! – **3.** Ennuyeux, Charles fait fuir tout le monde... – **4.** Fatiguée, Audrey ne viendra pas au cinéma avec nous. – **5.** Charmante, cette villa va plaire à ta mère. – **6.** Rayonnants, Laure et Arnaud annoncent leur mariage. – **7.** Solides, Michel et Fabien ont encore gagné le tournoi de tennis.

❺ attribut du sujet – épithète – attribut du sujet – épithète – épithète – épithète – attribut du sujet.

❻ grand (épithète) – pleine (attribut du sujet) – intense (épithète) – étranges (épithète) – macabres (épithète) – entêtant (épithète) – agitées (attribut du sujet) – tombales (épithète) – rongés (épithète).

14. Les propositions indépendantes/principales/subordonnées, page 25

❶ **1.** [Je fis signe à Barnabé de se taire] [mais il hurla de plus belle.] (2) – **2.** [Elle me raconta] [qu'elle était la grand-mère de Barnabé.] (2)

– **3.** [J'essayais de la rassurer] [mais elle semblait de plus en plus inquiète], [si bien que je paniquai...] (3) – **4.** [Dès que j'ôtais ma main de sa bouche], [ses cris reprenaient de plus belle.] (2) – **5.** [Je secouai l'enfant] [pour qu'il se taise.] (2) – **6.** [Tout au long de la conversation Barnabé n'a cessé de pleurer.] (1) – **7.** [Barnabé s'est calmé] [lorsqu'il a aperçu le chien de la grand-mère.] (2) – **8.** [Ce chien était un gros berger au pelage soyeux et au regard apaisant.] (1) – **9.** [L'enfant s'est précipité sur le gros chien] ; [il l'a caressé] ; [il lui a murmuré à l'oreille] et [ils se sont allongés tous deux.] (4)

2 **1.** Comme le dîner était affligeant – **2.** si Dieu existe – **3.** Bien que j'aie pris de bonnes résolutions après les vacances de Noël – **4.** Quand j'étais enfant – **5.** que sa mère lui avait prêté – **6.** Les huîtres n'étant pas fraîches – **7.** que tu viendrais – **8.** les autres travailler – **9.** où le climat est tropical ; où les plages sont immenses et désertes – **10.** que tu viendrais. **11.** que nous avons reçue ce matin – **12.** que son cheval est nerveux – **13.** que les vaches ne soient atteintes de la maladie de la vache folle – **14.** que vous utilisez.

3 **1.** qui ne savait même pas encore lire ni écrire. – **2.** qu'il s'amusait à jouer avec sa sœur et son ami. – **3.** où il fut interne. – **4.** que l'on nomme épilepsie. – **5.** qui comptait pour lui.

4 **1.** Il commanda une soupe à l'oignon qu'il versa sur la tête de son patron. – **2.** Hélène observa la lettre qui était pliée de travers. – **3.** Je vous conseille la lecture du roman *Madame Bovary*, qui a été adapté au cinéma. – **4.** Je me souviens de cette maison dont les volets étaient bleus.

5 **a. 1.** Le pétrole étant devenu une substance rare. – **2.** L'arrivée de Vercingétorix ayant été annoncée. – **3.** La gorge nouée par l'angoisse. – **4.** Ø.

b. Le sujet est toujours différent de celui du verbe principal sauf dans la phrase 4.

6 **1.** proposition sub. conj. – **2.** proposition sub. conj. – **3.** proposition sub. rel. – **4.** proposition sub. conj.

7 **1.** juxtaposées ; Théophyllus tremblait tellement qu'il lâcha le chandelier. (prop. sub. conj.) – **2.** juxtaposées ; Les deux amis étaient très fatigués parce qu'ils avaient couru toute la journée. (prop. sub. conj.) – **3.** coordonnées ; Erwann dut quitter Maureen parce que les hommes revenaient pour le tuer. (prop. sub. conj.) – **4.** juxtaposées ; Il allait enfourcher son cheval quand un petit rire étouffé tinta. (prop. sub. conj.).

15. La proposition subordonnée relative, page 27

1 la nuit qui descend sur moi ; mon duvet dont le tissu me protège de l'humidité. Ce duvet que Sophie m'a prêté. (celui) qu'elle utilise lors de ses randonnées en montagne. Les grands paysages, face auxquels on se sent tout petit. Les étables dans lesquelles on entend le mugissement des vaches. Les prairies où l'on peut courir et cueillir des fleurs. Sophie, qui raffole des montagnes. Ce à quoi j'aspire.

2 **1.** Xavier a acheté une encyclopédie qui a coûté cent cinquante euros. – **2.** Les ouvriers qui construisent cet immeuble sont très nombreux. – **3.** J'ai prêté mille euros à Thierry qui avait un découvert à la banque. – **4.** Le voleur a surgi de la chambre qui était plongée dans l'obscurité. – **5.** Tu as besoin d'un tournevis qui soit cruciforme. – **6.** Je me suis adressée à un contrôleur qui n'était pas aimable. – **7.** Samedi, nous sommes invités à une fête qui est organisée par mon cousin.

16. La proposition subordonnée conjonctive introduite par « que », page 28

1 **1.** Le batelier déplore que sa péniche ne soit plus utilisée. – **2.** Alice suggère que l'on mange une glace. – **3.** Les élèves bredouillent qu'ils ont oublié leur travail. – **4.** J'ai promis que je viendrai t'aider à ranger la maison après la fête.

2 **1.** Que ton père nous ait oubliés (sujet) – **2.** que son poisson arrivait frais (C.O.D.) – **3.** qu'elle chante (attribut du sujet) – **4.** qu'il viendrait (C.O.D.) – **5.** que tu aies ton examen (sujet logique) – **6.** que tu as trop de travail (C.O.D.).

3 **1.** conjonction de sub. – **2.** conjonction de sub. – **3.** pronom rel. – **4.** conjonction de sub. – **5.** pronom rel. – **6.** conjonction de sub. – **7.** conjonction de sub. – **8.** pronom rel.

4 **1.** Je préfère qu'elle **prenne** son chien. – **2.** Le patron suggère que nous **allions** en stage. – **3.** Je sais que le mécanicien **fait** son possible. – **4.** Le moniteur impose que nous **marchions** encore. – **5.** Je voudrais que tu t'en **souviennes** longtemps ! – **6.** Il est clair qu'il n'**ont** pas d'argent ! – **7.** Je ne trouve pas que cet exercice **soit** difficile. – **8.** Le vétérinaire constate que ce poney **va** mieux.

5

	A	B	C	D	E	F	G	H	I	J
1	P	L	A	I	S	A	N	T	E	R
2	R	A	L	E	U	S	E	■	L	E
3	O	V	I	N	S	■	B	A	N	C
4	T	E	■	A	U	G	U	R	E	R
5	E	R	E	■	R	O	L	E	■	I
6	S	■	N	A	R	R	E	■	D	E
7	T	U	■	L	E	G	U	M	E	■
8	E	R	P	■	R	E	S	U	M	E
9	R	E	V	E	■	S	E	R	I	N

17. Les propositions subordonnées conjonctives circonstancielles de temps, page 30

1 **1.** un moment précis – **2.** la durée (on pourra néanmoins admettre la simultanéité) – **3.** l'antériorité – **4.** la fréquence.

2 **1.** Depuis qu'elle a rencontré la famille Addams... – **2.** Dès que je quittais le château... – **3.** Lorsque/À chaque fois que nous voulons jeter un sort... – **4.** ... dès que/quand tu auras terminé tes devoirs.

3 **1.** lisait – **2.** auras rangé – **3.** sommes sortis – **4.** (ne) pleuve.

18. Les propositions circonstancielles de cause, conséquence et but, page 31

1 **1.** Le professeur étant de mauvaise humeur : PS – **2.** Par ta faute – **3.** Comme nous t'attendions : PS – **4.** J'ai soif.

2 **1.** conséquence – **2.** cause – **3.** cause – **4.** but.

3 **1.** Nino n'a pas pu sortir son nouveau vélo parce qu'il pleuvait. – **2.** J'adore tellement cette chanteuse que j'irai à tous ses concerts. – **3.** Comme il fait chaud, nous partons à la plage.

19. Les voix active et passive/Le complément d'agent, page 32

1 **1.** voix passive – **2.** voix active – **3.** voix passive (par la pluie) – **4.** voix active – **5.** voix active – **6.** voix passive – **7.** voix passive (par tout le monde).

2 **1.** voix passive ; indicatif futur ; conduire – **2.** voix passive ; indicatif plus-que-parfait ; transporter – **3.** voix passive ; indicatif passé simple ; arroser – **4.** voix active ; indicatif futur antérieur ; faire – **5.** voix passive ;

indicatif passé composé ; décevoir – **6.** voix passive ; indicatif imparfait ; guider – **7.** voix active ; indicatif passé antérieur ; trouver.

3 **1.** La télévision est souvent regardée par les enfants le mercredi. – **2.** Les plantes sont arrosées par le jardinier même quand il pleut. – **3.** Un texte fort ennuyeux nous fut expliqué par le professeur.

20. Les verbes pronominaux, page 33

1 **1.** se sont promenés (sens réfléchi) – **2.** ils s'appellent (sens réciproque) – **3.** se lit (sens passif) – **4.** se porte (sens passif) – **5.** il se lève (sens réfléchi) – **6.** je me méfie (essentiellement pronominal) – **7.** ils se sont enfuis (essentiellement pronominal) – **8.** se vida (sens réfléchi).

2 **1.** il se prend : indicatif présent, 3ᵉ pers. sing. – **2.** se sont enfuies : indicatif passé composé, 3ᵉ pers. plur. – **3.** ils s'étaient rencontrés : indicatif plus-que-parfait, 3ᵉ pers. plur. – **4.** se trouvant : participe présent ; elle se regardait : indicatif imparfait, 3ᵉ pers. sing. – **5.** elle se mit : indicatif passé simple, 3ᵉ pers. sing.

3 **1.** se disputèrent – **2.** vous vous cachez – **3.** je me suis cassé – **4.** ils s'étaient rencontrés – **5.** elle se sera rétablie – **6.** elle s'est approchée ; il s'est enfui – **7.** elle s'approchait – **8.** nous nous souviendrons.

4 **1.** Nous nous parlons. – **2.** Elles se sont embrassées. – **3.** Vous vous êtes écrit. – **4.** Nous nous passons la balle.

5 Elle s'est levée très tôt. Noé et Louise se sont mis d'accord. Il ne se rase pas souvent. Julie et moi, nous nous sommes disputées. Alice et toi vous vous détestiez. Stéphanie et Léa se sont coupé les cheveux. Tu ne t'es rendu compte de rien. Sophie, calme-toi.

6 les enfants se sont disputés – certains parents se sont trouvés – la ruée s'est terminée – la directrice s'est avouée – les dernières trouvailles se sont vendues – on ne s'est pas remis.

7 **1.** échangé – **2.** coupé – **3.** vendues – **4.** offert – **5.** envolés – **6.** téléphoné – **7.** retrouvées – **8.** reconnues – **9.** achetés.

LE TEXTE

21. Les valeurs du présent, page 35

1 **1.** répétition – **2.** ordre – **3.** futur proche – **4.** vérité générale – **5.** répétition – **6.** vérité générale – **7.** passé proche – **8.** répétition – **9.** présent de narration – **10.** vérité générale – **11.** futur proche – **12.** présent de narration – **13.** passé proche ; futur proche – **14.** passé proche – **15.** ordre – **16.** présent d'énonciation – **17.** vérité générale.

2 **1.** remonte (passé proche) – **2.** replonge (futur proche) – **3.** tu lui dis (ordre) – **4.** prépares (ordre) – **5.** entre (futur proche).

22. Comment employer le passé simple et l'imparfait, page 36

1 était – possédait – cultivait – avait – possédait – s'était – était – venait – avait.

2 arriva : ind. passé simple (action ponctuelle) – se mit : ind. passé simple (action ponctuelle) – avait : ind. imparfait (description) – servait : ind. imparfait (répétition) – avait : ind. imparfait (description) (deux fois) – c'étaient : ind. imparfait (description) – essayait : ind. imparfait (description) – tirait : ind. imparfait (description) – entrâmes, dit, demanda, cria : ind. passé simple (action ponctuelle) – cassait : ind. imparfait (répétition).

3 vint – souleva – jeta – paraissait – ressortit – portait – était – exposa – s'agissait – faisait – s'appelait – fit.

4 **1.** action/description – **2.** action dans son déroulement/action ponctuelle – **3.** répétition/action ponctuelle – **4.** action ponctuelle/répétition – **5.** action dans son déroulement/action ponctuelle – **6.** action/description – **7.** répétition/action ponctuelle – **8.** répétition/action ponctuelle.

5 était – faisaient – communiquait – rencontrait – s'ouvraient – regardait – prit – fut – ouvraient – trouvèrent – n'eurent – était – portait – avait – ballotaient.

6 entra – savait – attendait – avait – marchait – entendit – décida – avançait – ressemblait – crut – s'approcha – semblait – vit – se rendit – était – coulaient.

23. Les connecteurs logiques, page 38

1 **Texte 1 :** en effet (explication).
Texte 2 : tout d'abord (addition) ; ensuite (addition) ; puisque (cause) ; toutefois (opposition) ; par conséquent (conséquence).

2 Malgré – En effet – bien que – ainsi – cependant – donc.

3 d'abord – mais – ensuite – toutefois – enfin – car.

24. Formation et emploi des temps composés de l'indicatif, page 39

1 **1.** futur antérieur (supposition) – **2.** passé ant. (antériorité) – **3.** plus-que-parfait (antériorité) – **4.** futur ant. (antériorité) – **5.** passé composé (antériorité) – **6. 7.** et **8.** passé composé (action dont les effets se prolongent dans le présent).

2 **1.** sont partis – **2.** eut cessé – **3.** auras obtenu – **4.** s'était retirée – **5.** eut disparu – **6.** sera allée/est allée – **7.** avait pris – **8.** a eu – **9.** aura terminé – **10.** eurent teint.

25. L'impératif présent, page 40

1 **1.** haïs, haïssons, haïssez – **2.** va, allons, allez – **3.** sors, sortons, sortez – **4.** range, rangeons, rangez – **5.** mords, mordons, mordez – **6.** attrape, attrapons, attrapez – **7.** appelle, appelons, appelez – **8.** bois, buvons, buvez – **9.** finis, finissons, finissez – **10.** place, plaçons, placez – **11.** accueille, accueillons, accueillez – **12.** peins, peignons, peignez – **13.** mange, mangeons, mangez – **14.** guéris, guérissons, guérissez.

2 **1.** Parlons en mangeant. – **2.** Mordez dans le fromage et ne vous occupez pas des invités. – **3.** Ayez du courage et allez jusqu'au bout. – **4.** Réfléchis toujours avant d'agir. – **5.** Vas-y et ramènes-en pour tout le monde. – **6.** Chantons et vous, taisez-vous ! – **7.** Emparez-vous de cette crapule et jetez-la en prison ! – **8.** Attendons-nous au pire mais ne t'alarme pas ! – **9.** Cueilles-en beaucoup pour faire une bonne potion.

3 **1.** Ne plaisante pas/respecte – **2.** Ne marche pas/écarte-toi – **3.** N'exclus pas/avertis-le – **4.** Ne guigne pas/sers-toi – **5.** Ne gesticule pas/garde et attends – **6.** Ne jacasse pas/flatte-le – **7.** Ne reste pas/va.

4 Mange – mélange – Ajoute – Achève – couvre-la – laisse-la – Façonne – Farine – étale – Cuis – Applaudis.

5 **1.** conseil – **2.** ordre – **3.** invitation – **4.** prière – **5.** ordre – **6.** invitation – **7.** conseil – **8.** conseil – **9.** ordre – **10.** invitation – **11.** invitation – **12.** conseil – **13.** prière – **14.** invitation.

26. Le mode subjonctif, page 42

1 **1.** que tu lises – **2.** que nous aimions – **3.** que tu prennes – **4.** que vous alliez – **5.** que nous mangions – **6.** que je vienne – **7.** qu'il puisse – **8.** qu'ils aient – **9.** que vous croyiez – **10.** que nous riions.

2 **1.** qu'il ait voulu – **2.** que tu sois sorti – **3.** que vous ayez gagné – **4.** qu'ils se soient battus – **5.** qu'il ait couru – **6.** que vous soyez venu(es) – **7.** que j'aie souhaité – **8.** que tu aies donné – **9.** qu'il ait écrit – **10.** que vous ayez nagé.

3 **1.** Il eut, qu'il eût – **2.** Tu fus, que tu fusses – **3.** Il vint, qu'il vînt – **4.** Ils regardèrent, qu'ils regardassent – **5.** Il frappa, qu'il frappât –

6. Il grandit, qu'il grandît – **7.** Il tint, qu'il tînt – **8.** Il courut, qu'il courût – **9.** Tu allas, que tu allasses – **10.** Il plut, qu'il plût.

4 **1.** subjonctif – **2.** subjonctif – **3.** subjonctif – **4.** subjonctif – **5.** subjonctif – **6.** subjonctif – **7.** subjonctif – **8.** subjonctif – **9.** indicatif – **10.** subjonctif.

5 **1.** souhait – **2.** souhait – **3.** ordre – **4.** imposé par la conj. de sub. – **5.** imposé par la conj. de sub. – **6.** après un verbe de sentiment – **7.** après un verbe de sentiment – **8.** ordre.

6 **1.** puissent – **2.** viennes – **3.** voie – **4.** ait vécu – **5.** as – **6.** fasse – **7.** partions – **8.** arrivent – **9.** sache ; suis – **10.** aies pris – **11.** viennes – **12.** prennes – **13.** réussisses – **14.** sache – **15.** coures.

7 **1.** fassent ; sont – **2.** aille – **3.** obéisse – **4.** fasse ; revient ; fait ; peut – **5.** dise ; est ; aime – **6.** soit ; s'assagisse.

27. La forme impersonnelle, page 44

1

	Indicatif présent	Indicatif futur	Indicatif imparfait	Indicatif passé simple
Pleuvoir des cordes	Il pleut des cordes.	Il pleuvra des cordes.	Il pleuvait des cordes.	Il plut des cordes.
Neiger abondamment	Il neige abondamment.	Il neigera abondamment.	Il neigeait abondamment.	Il neigea abondamment.
Falloir partir tôt	Il faut partir tôt.	Il faudra partir tôt.	Il fallait partir tôt.	Il fallut partir tôt.
Faire un temps de chien	Il fait un temps de chien.	Il fera un temps de chien.	Il faisait un temps de chien.	Il fit un temps de chien.

2 **1.** Une odeur de poisson brûlé arriva de la cuisine. – **2.** Mamie ne doit pas être entraînée dans la grande roue. – **3.** Des critiques circulent à propos du facteur. – **4.** Tu dois absolument changer cette lampe.

3 **1.** Il arrive que tu te trompes. – **2.** Il y a des choses étranges qui flottent à la surface de l'eau. – **3.** Il y a beaucoup de voitures qui passent sur cette route./Il passe beaucoup de voitures sur cette route. – **4.** Il est dangereux de traverser à cet endroit. – **5.** Il est conseillé d'arriver une heure avant l'embarquement. – **6.** Il est impossible que je me trompe. – **7.** Il se peut qu'il fasse beau aujourd'hui. – **8.** Il n'est pas interdit de m'aider à faire la vaisselle.

28. Pouvoir/Devoir/Vouloir/Paraître, page 45

1 **1.** pouvait – **2.** devais – **3.** paraissaient – **4.** voulait.

2 **1.** Il voulut partir sur le champ. Voulant partir sur le champ, il oublia son sac de sport. – **2.** Nous pûmes partir en Espagne cet été là. Pouvant compter sur mon cousin, nous partîmes en Espagne. – **3.** Ils durent passer à la banque pour retirer de l'argent. Devant passer à la banque, ils ratèrent leur train. – **4.** Vous parûtes inquiets à l'issue du match. Paraissant inquiets à l'issue du match, vous nous fîtes croire à la défaite.

3 **1.** Tu veux aller seul à la piscine. Tu voudras partir avant midi. – **2.** Elle peut prendre ce qu'elle veut. Elle pourra choisir ses boucles d'oreilles – **3.** Nous devons rapporter cet ordinateur au magasin. Nous devrons l'échanger contre un modèle plus récent – **4.** Je parais plus jeune avec cette coiffure. Je paraîtrai folle si je sors déguisée ainsi.

4 **1.** pouvaient ; durent ; paraissait ; voulait – **2.** deviez ; pouvaient ; parut ; voulûmes – **3.** Vouliez ; paraissiez ; dûmes ; put – **4.** devions ; pûmes ; paraissait ; voulut – **5.** voulut ; s'envola ; put ; durent.

5 **1.** voudrons ; pourrons ; voulions – **2.** pourra ; devra ; paraitra ; voudra.

6 **1.** Il faut que nous devenions studieux. – **2.** Il faut que vous vous calmiez, à moins que vous ne vouliez vous faire renvoyer. – **3.** Il faudra longtemps avant que tu puisses descendre la piste noire. – **4.** Il en faudra beaucoup pour que vous paraissiez effrayé.

29. Énoncé et situation d'énonciation, page 47

1 **Énoncé 1 :** locuteur : Éric Dupont ; destinataire : Sébastien ; lieu : à Glisy ; moment : le 19 juin 1998.

Énoncé 2 : locuteur : Victor, mineur ; destinataires : les autres ouvriers de la mine ; moment : hiver 1888 ; lieu : devant une mine.
Énoncé 3 : locuteur : une dame de la haute société ; destinataire : une amie de condition sociale identique ; moment : imprécis (après le Grand Prix de Diane) ; lieu : inconnu.
Énoncé 4 : locuteur : Mascarille ; destinataire : un vicomte ; lieu : inconnu ; moment : inconnu.
Énoncé 5 : locuteur : probablement un guerrier grec ; destinataires : ses camarades de combat ; moment : pendant la guerre de Troie ; lieu : près de Troie.

2 **1.** oui – **2.** non – **3.** non ; non – **4.** oui – **5.** non – **6.** oui.

3 **Énoncé 1 :** coupé – **Énoncé 2 :** ancré (m') – **Énoncé 3 :** ancré (je ; m') – **Énoncé 4 :** ancré (tout ça ; nous ; mon ; j' ; toi ; tu ; maintenant ; là-bas) – **Énoncé 5 :** ancré (je ; maintenant ; m' ; je ; vous ; ce ; la semaine prochaine) – **Énoncé 6 :** ancré (vous ; ça).

30. Rapporter les paroles : le discours direct, page 49

1 **Le pot de terre et le pot de fer**

Le pot de fer proposa
Au pot de terre un voyage.
Celui-ci s'en excusa,
Disant qu'il ferait que sage
De garder le coin du feu :
Car il lui fallait si peu,
Si peu, que la moindre chose
De son débris serait cause.
Il n'en reviendrait morceau.
« Pour vous, dit-il, dont la peau
Est plus dure que la mienne,
Je ne vois rien qui vous tienne.
– Nous vous mettrons à couvert,
Repartit le pot de fer.
Si quelque matière dure
Vous menace d'aventure,
Entre deux je passerai,
Et du coup vous sauverai. »
Cette offre le persuade.
Pot de fer son camarade
Se met droit à ses côtés.
Mes gens s'en vont à trois pieds,
Clopin-clopant, comme ils peuvent,
L'un contre l'autre jetés,
Au moindre hoquet qu'ils trouvent.
Le pot de terre en souffre : il n'eut pas fait cent pas
Que par son compagnon il fut mis en éclats,
Sans qu'il eût lieu de se plaindre.
Ne nous associons qu'avec que nos égaux,
Ou bien il nous faudra craindre
Le destin d'un de ces pots.

La Fontaine, *Fables*.

2 Sophie propose à ses amis : « Allons faire un tour au cimetière ce soir. » Anne chuchote : « Je vous accompagnerais bien, mais, la nuit, j'ai peur des cimetières. » Michel ajoute : « J'ai déjà aperçu des lueurs danser au-dessus des caveaux fraîchement ouverts ». Anne lui demande : « Comment malgré cela as-tu encore envie d'y retourner ? » Michel répond : « Ce phénomène m'intrigue beaucoup et j'aimerais en connaître la raison. » Henri intervient alors en disant : « Je préfère rester ignorant mais en vie. »

3 **1.** Alfred affirme : « Je te pardonne mais tu es barjot car tu cherches toujours à jouer des mauvais tours alors que tu sais bien que les gens s'en rendront compte. C'est la meilleure façon de ne plus avoir un seul copain !

– Je sais tout ça, lui répond Barnabé, mais c'est plus fort que moi, j'aimerai toujours faire des farces.
– J'espère bien ne plus être victime de ta passion » ajoute Alfred.
2. Niveau de langage familier : « barjot », « copain ». La scène est ainsi plus vivante.

4 **1.** Pierre demanda à son frère : « Y-a-t-il des ouistitis à Bornéo ? » (ajout d'un point d'interrogation) – **2.** Le vendeur du rayon électroménager proposait : « Voilà justement un téléviseur à écran plat et un lecteur DVD. » (ajout de *voilà* pour actualiser) – **3.** Norbert s'exclamait : « Mes frites sont les plus croustillantes du marché, approchez, chers clients, pour pouvoir les goûter ! » (ajout du point d'exclamation et du mot *chers*) – **4.** Le commissaire interrogea le suspect : « Je te fais remarquer que ton alibi n'est qu'un tissu de mensonges... Personne ne pourra témoigner en ta faveur. » (utilisation du tutoiement et des points de suspension qui rapprochent tous deux de l'oral) – **5.** Le ministre en visite dans notre ville affirma : « Il est urgent de rénover les vieux quartiers, quant au théâtre, j'ajoute qu'il devra être réhabilité dans les plus brefs délais. » – **6.** Les joueurs de l'équipe nationale ont dit : « On n'a rien pu faire contre une équipe allemande nettement supérieure sur le plan tactique et on déplore le manque de motivation de notre gardien... On promet à nos spectateurs de montrer une meilleure image lors des prochains matches. » (utilisation du pronom indéfini on et des points de suspension.) – **7.** Un fantôme s'est glissé dans ma chambre et m'a demandé : « Tu veux bien me prêter ta console car je voudrais savoir comment on joue ; n'aie pas peur... je pourrai revenir souvent pour jouer contre toi lorsque tu auras des insomnies. » (utilisation du pronom indéfini *on* et des points de suspension.) – **8.** J'ai demandé à la vendeuse : « Vous n'auriez pas des chaussures roses ? » Elle a été très étonnée et m'a demandé : « Vous voulez vraiment des mocassins roses ? Vous les voulez vraiment ? » Je lui ai répondu : « J'en rêve depuis longtemps. » (utilisation des interrogations directes et d'une ponctuation expressive.)

31. Rapporter les paroles : le discours indirect, page 51

1 **1.** Il promet qu'il n'a rien dit. → Il promit qu'il n'avait rien dit. (plus-que-parfait) – **2.** Il promet qu'il ne disait rien. → Il promit qu'il ne disait rien (imparfait). – **3.** Il promet qu'il ne dit rien. → Il promit qu'il ne disait rien. (imparfait) – **4.** Il promet qu'il ne dira rien. → Il promit qu'il ne dirait rien. (conditionnel présent) – **5.** Il promet qu'il n'aura rien dit. → Il promit qu'il n'aurait rien dit (conditionnel passé).

2 **1.** c – **2.** d – **3.** a – **4.** b – **5.** f – **6.** e – **7.** g.

3 **1.** Elle lui dit qu'il ne parle pas la bouche pleine ; de ne pas parler. – **2.** Lilian lui promet que demain il (ou elle) pourra les accompagner. – **3.** Elle crie qu'elle arrive, qu'il (ou elle) l'attende. – **4.** Il répond en pleurant qu'il est désolé. – **5.** Il dit qu'il(s) vienne(nt) ; de venir – **6.** Léa leur annonça que tout était prêt. – **7.** Michaël demande à Fabienne si elle veut venir avec lui. – **8.** Théo annonce avec regret qu'il n'organisera pas de fête cette année. – **9.** Guillaume nous réveille en criant que le temps est magnifique. – **10.** Christian marmonne qu'il sortira quand même.

4 **1. a.** Marie annonce qu'elle arrivera le mardi suivant. **b.** Marie annonça qu'elle arriverait le mardi suivant. – **2. a.** Amina nous explique qu'elle fait dorer [...] **b.** Amina nous expliqua qu'elle faisait dorer [...] – **3. a.** Sophie promet qu'elle n'a pas pris la clé et qu'elle ne l'a pas cachée [...] **b.** Sophie promit qu'elle n'avait pas pris la clé et qu'elle ne l'avait pas cachée [...] – **4. a.** Il nous raconte qu'il marchait... quand il a aperçu cet homme qu'il n'avait pas revu [...] **b.** Il nous raconta qu'il marchait dans la rue quand il avait aperçu cet homme qu'il n'avait pas revu [...] – **5. a.** La voyante assure à sa cliente qu'elle saura tout sur son avenir quand elle lui aura donné cent euros. **b.** La voyante assura à sa cliente qu'elle saurait tout [...] quand elle lui aurait donné cent euros. – **6. a.** Marine dit à Louis qu'elle refusera de nettoyer son vélo, qu'il n'aura qu'à le faire le lendemain. **b.** Marine dit à Louis qu'elle refuserait de nettoyer son vélo qu'il n'aurait qu'à le faire le lendemain.

5 **1.** Chantal promet qu'elle préparera demain un gâteau à la crème si sa petite-fille vient. – **2.** Justine avait dit qu'elle viendrait avec nous jeudi, même si elle avait beaucoup de travail. – **3.** Vous nous avez assuré que vous aviez préparé les skis hier et que vous étiez prêts à partir s'il neigeait.

LES DIFFICULTÉS ORTHOGRAPHIQUES

32. Les consommes finales muettes, page 53

1 **1.** champ – **2.** outil – **3.** distinct – **4.** tard – **5.** dard – **6.** bourg – **7.** temps – **8.** camp – **9.** sirop – **10.** suspect – **11.** poids – **12.** fard.

2 **1.** non (corps) – **2.** non (le chas d'une aiguille) – **3.** non (un banc de poissons) – **4.** non (un mors) – **5.** nulle part (de coings) – **6.** non (à flanc de).

3 **1.** fondement, fondation – **2.** raton, raticide – **3.** porcherie, porcher – **4.** instinctif, instinctivement – **5.** persillade, persiller – **6.** accrocher, accrochage – **7.** vernisser, vernissage – **8.** nuitée, nuitamment – **9.** raser, rasage – **10.** canoter, canotage – **11.** sortilège, sortir – **12.** septième, septuagénaire – **13.** mépriser, méprisable – **14.** draper, draperie.

4 **1.** gaz – **2.** zinc – **3.** spot – **4.** sud – **5.** stop – **6.** huit – **7.** gril – **8.** ours.

33. On/On n', page 54

1 **1.** On n'a pas le droit de faire ça. – **2.** On n'accroche pas de portraits dans le réfectoire. – **3.** On n'est pas sorti à quatre heures et on ne l'a pas vu. – **4.** On n'a pas mangé ton gâteau, on te le jure. – **5.** On n'a pas mis de la crème solaire n'importe comment. – **6.** On n'accueille pas les touristes le dimanche soir. – **7.** On n'aménage pas une cuisine avec des enfants. – **8.** On n'apprend pas uniquement le japonais dans ce lycée.

2 **1. On** avance très lentement avec ce sac à dos chargé. – **2.** Hier, **on** a appris qu'une école de parapente ouvrait, mais **on n'**a pas su dans quelle ville du département. – **3. On** annonce l'arrivée des touristes pour le 14 juillet. – **4. On n'**essuiera la vaisselle que si tu nous promets une sortie à la plage ! – **5. On** a appelé ta mère, mais **on n'**a pas pu la joindre. – **6. On n'**a pas changé de chaussettes depuis une semaine et **on n'**a pas envie d'en mettre des propres ! – **7. On n'**arrive plus à retrouver ton fichier sur l'ordinateur ; tu veux qu'**on** appelle ton frère ?

3 **1. On n'**entendait pas le moindre bruit ; **on** dormait bien, quand soudain **on** frappa à la porte. **On** eut peur, mais lorsqu'**on** écouta, **on** comprit que c'était juste le Père Noël qui ne pouvait pas passer par la cheminée. – **2.** Jamais **on n'**écoute aux portes ! **On** aura vraiment tout vu dans cette maison ! – **3.** Comme **on n'**y voyait rien, **on** a pris ta lampe de poche. – **4. On** est venu pour regarder le défilé, mais **on n'**a rien vu ; il y avait trop de monde. – **5. On** est désolés ! **On n'**a pas eu le temps de ranger ! – **6. On n'**a plus rien à manger ; **on n'**a pas eu le temps de faire les courses. – **7. On** y va ? – **8.** Courage, **on** est presque arrivés !

34. C'en/Sans/S'en, page 55

1 **1.** s'en – **2.** sans ; s'en – **3.** Cent ; s'en – **4.** s'en ; sens.

2 **1.** sans – **2.** sans – **3.** s'en – **4.** sans – **5.** s'en – **6.** c'en – **7.** sans – **8.** Cent ; cent – **9.** cent – **10.** sang – **11.** sent ; sens – **12.** sans ; s'en – **13.** sans ; sans – **14.** sans ; s'en – **15.** sens.

❸ c'en ; sans ; sans ; s'en ; sans ; sans.

❹ s'en ; cent ; sans ; sans ; c'en.

35. T'en/Tant/Temps/Tend(s), page 56

❶ **1.** tant – **2.** t'en – **3.** temps – **4.** tant – **5.** tant, t'en – **6.** temps, temps – **7.** taon, t'en, temps – **8.** t'en – **9.** temps – **10.** tant, taon – **11.** temps, temps, taons – **12.** t'en, temps – **13.** tant – **14.** tant, t'en, tant – **15.** temps – **16.** temps – **17.** tant.

❷ **1.** temps – **2.** taon ou temps – **3.** taon ou temps – **4.** t'en.

❸ **1.** tant – **2.** tant – **3.** t'en – **4.** tend – **5.** t'en – **6.** t'en ; temps – **7.** taons ; tant ; tend ; tend ; t'en ; temps.

36. Plus tôt/Plutôt ; Prêt/Près, page 57

❶ **1.** Emma était **près** de moi pendant la visite des ateliers de cet artisan créateur de bijoux. – **2.** Elle était **prête** à acheter toutes les boucles d'oreilles. – **3.** Son mari, lui, n'était pas **prêt** ; il repoussa le vendeur trop **près** d'elle à son goût ! – **4.** Mais en quittant l'atelier, Emma passa **près** d'une superbe parure et l'acheta sans demander l'avis de son mari. – **5.** En sortant, ce dernier dit qu'il n'était pas **près** de revenir.

❷ Tous les touristes étaient **prêts** : le sac sur le dos et les chaussures de marche bien lacées, ils savaient tous qu'ils allaient pouvoir s'embusquer **près** d'un gorille. Mais après quatre heures de marche, certains n'étaient plus tout à fait **prêts** à continuer ; c'est en passant **près** d'un point d'eau que trois d'entre eux décidèrent d'arrêter la randonnée. Il était **près** de onze heures et la fatigue décourageait ceux qui reconnaissaient n'être pas suffisamment **prêts** pour ce genre d'exercice. Toutefois, un grognement **près** du bosquet rendit à chacun la force nécessaire pour s'approcher délicatement. Les touristes abasourdis se trouvaient **près** d'un grand mâle qui mangeait paisiblement.

❸ **1.** En vacances, je préfère aller à la mer **plutôt** qu'à la montagne. – **2.** Prenez **plutôt** un labrador ; ce chien est propre **plus tôt** que les autres. – **3.** Tu ferais bien de te taire **plutôt** que de dire des âneries ! – **4.** **Plus tôt** elle se lèvera, **plus tôt** elle sera prête ! – **5.** Pour avoir une place, il fallait arriver **plus tôt** ! – **6.** **Plutôt** que de rêver, si tu t'étais mis au travail **plus tôt**, tu aurais réussi ton examen ! – **7.** Lave la vaisselle **plutôt** que de regarder la télévision !

37. Sur/Sûr, page 58

❶ **1.** P ; AQ – **2.** P – **3.** AQ ; P – **4.** P ; P – **5.** AQ ; P.

❷ Lorsque les randonneurs furent **sur** le point de partir, ils durent vérifier que leur matériel était **sûr**. Paolo posa son sac **sur** le rebord du pont et Mattia, qui ne semblait plus **sûr** de sa lampe frontale, commença à la démonter ; Vadim s'assit **sur** le trottoir pour ôter un gravier de sa chaussure. Le guide, en les observant, était de moins en moins **sûr** de pouvoir les emmener **sur** le glacier. Et il eut raison : être **sur** le départ ne veut pas dire être parti. Le sac de Paolo tomba **sur** la tête de Mattia, qui hurla **sur** son frère ! **Sur** ces entrefaites, le chien arriva et s'empara de la chaussure de Vadim, lequel commença à pleurer ! Seul Tom ne fit pas de bêtise ; la chose est **sûre** : il venait de s'endormir **sur** l'épaule de sa sœur Lou.

❸ Boulogne-**sur**-Mer est le premier port de pêche de France, c'est **sûr**. De gros chalutiers débarquent quotidiennement des tonnes de poissons **sur** les quais pour le plus grand plaisir des badauds ; mais dans cette ville, on peut aussi mettre la main **sur** le dos de raies ; à Nausicaa, l'un des plus grands aquariums d'Europe, les enfants sont **sûrs** de pouvoir caresser des poissons ; un poulpe géant vient aussi de rejoindre les hôtes de ce lieu fascinant et mystérieux.

38. Les/L'ai, page 59

❶ **1.** D – **2.** P – **3.** P – **4.** D – **5.** P – **6.** P.

❷ **1.** **Les** musiciens sont arrivés **les** premiers ; je **les** ai reçus sans savoir qui étaient **les** plus connus ; ce sont **les** techniciens qui m'ont présenté **les** membres du groupe ; en ce qui concerne le chanteur, je **l'ai** emmené à sa loge et je **l'ai** guidé dans notre belle ville. – **2.** **Les** petits poissons, je **les** ai mangés crus, mais le saumon, je **l'ai** cuit. – **3.** Lorsque le gorille a franchi **les** grilles du zoo, je **l'ai** photographié, mais **les** journaux n'ont pas voulu acheter **les** photos.

❸ **1.** féminin – **2.** masculin – **3.** féminin – **4.** masculin – **5.** féminin.

❹ **1.** les – **2.** les – **3.** l'ai – **4.** les – **5.** l'ai – **6.** l'ai – **7.** l'ai.

39. Quand/Quant/Qu'en, page 60

❶ **1.** Quand – **2.** Quand – **3.** quant à toi – **4.** qu'en fais-tu ? – **5.** qu'en faire – **6.** je ne vais qu'en face.

❷ **1.** Quand il pleut – **2.** je ne sais qu'en penser – **3.** Quant à vous – **4.** Qu'en fais-tu ?

❸ **1.** Les chatons ne naîtront **qu'en** juillet. – **2.** **Quand** il dort, il ronfle ! – **3.** Tu ne ronfles **qu'en** dormant. – **4.** **Quand** la mer est basse, je ramasse des coquillages. – **5.** En ville, tout le monde parle de cet événement : **qu'en** dit-on chez vous ? – **6.** **Quand** partez-vous ? – **7.** N'empruntez cette issue de secours **qu'en** cas d'extrême urgence. – **8.** **Quand** vous aurez lu ce document, je vous dirai **qu'en** faire. – **9.** Je veux bien jouer ; **quant** à travailler, cela ne m'intéresse pas. – **10.** Méfie-toi **quand** même !

40. Le pluriel des noms composés, page 61

❶ réveille-matin – tables de nuit – sous-vêtements – maillots de bain – sacs à dos – beaux-frères – maîtres-nageurs – laissez-passer – vide-poches – petits-cousins – passe-temps ; porte-monnaie – lits de camp; plates-formes – haut-parleurs – gardes-pêche – hors-bord – cerfs-volants – pare-chocs – croque-monsieur – glaces à l'italienne – poissons-chats – clins d'œil – beaux-frères.

❷ **1.** Ces chiens-loups me font peur. – **2.** Leurs passe-temps préférés ne me séduisent pas. – **3.** Les petits-gris sont des escargots. – **4.** Les lève-glaces de la voiture sont cassés. – **5.** Les chewing-gums sont interdits en classe. – **6.** Utilisez des blocs-notes.

41. L'accord du participe passé, page 62

❶ **1.** oui – **2.** oui – **3.** oui – **4.** non – **5.** oui – **6.** non – **7.** oui – **8.** non – **9.** non – **10.** oui.

❷ **1.** cru ; confiées ; anémiées ; gloussé – **2.** accepté ; présentés ; émus ; déçus – **3.** ramassés ; décidé – **4.** repiquées ; arrosées ; entretenues ; renversé ; grillées.

❸ **1.** La reine s'est admirée dans le miroir./Ces deux joueurs se sont beaucoup admirés – **2.** Coiffé comme cela, je ne me suis pas plu./Ils se sont plu au premier regard.

❹ **1.** se seront envolés – **2.** tu t'es acheté – **3.** se sont emparés – **4.** nous nous étions confié(e)s – **5.** Vous êtes-vous bien amusé(s) avec nous ? – **6.** Ils se sont vus, ils se sont plu, ils se sont mariés.

❺ **1.** acheté – **2.** déroulés – **3.** téléphoné – **4.** confiée ; aperçue – **5.** succédé – **6.** reprochée – **7.** vendus – **8.** battus – **9.** confié – **10.** immobilisée ; présentés – **11.** dit – **12.** arrêtés – **13.** empiffré – **14.** perdus.

❻ **1.** posé – **2.** restés – **3.** bougé ; penchée – **4.** parlé – **5.** laissées ; récupérées – **6.** décidé ; achetée – **7.** déjeuné – allés *ou* allées ; déclaré ; eus *ou* eues (selon que le pronom *nous* désigne un homme et une femme ou deux femmes) – **8.** entendus – **9.** venues ; trouvé *ou* trouvée (si le pronom *t'* désigne une femme) – **10.** acheté – **11.** succédé – **12.** lu ; prêtés.

20 Les verbes pronominaux

Observer et retenir

Exemple : Mathilde s'est lavée.
Un **verbe pronominal** se conjugue toujours avec un **pronom réfléchi**. Il se reconnaît à l'infinitif car il est toujours précédé du pronom « se » : se laver, se battre, se plaire, s'évanouir, etc.
Aux temps composés, le verbe pronominal se conjugue avec l'auxiliaire « être ».

On distingue quatre catégories de verbes pronominaux :

- Des verbes qui n'existent qu'à la forme pronominale, dits « verbes **essentiellement pronominaux** » (s'évanouir, se souvenir, s'abstenir, etc.) ou qui ont un sens différent quand ils ne sont pas employés avec un pronom réfléchi (se rendre compte de/rendre compte de ; se douter de/douter de).
- Des verbes **pronominaux de sens réciproque**, qui impliquent une relation entre plusieurs agents.
  Leur sujet est toujours un pluriel.
  Exemple : Ils se sont battus.
- Des verbes **pronominaux de sens passif** : on peut les remplacer par des verbes à la voix passive.
  Exemple : Cette maison s'est vendue très cher. → Cette maison a été vendue très cher.
- Des verbes **pronominaux de sens réfléchi** qui impliquent une action du sujet sur lui-même.
  Exemple : Il se contempla dans le miroir.

Remarque ▸ Quand un verbe pronominal est conjugué à un temps composé, veillez aux accords des participes passés (voir fiche 40).

Appliquer

1 Soulignez les verbes pronominaux et indiquez à quelle catégorie ils appartiennent.

1. Julien et Stéphanie se sont promenés au bord de la mer. ……………………
2. Quand ils sont en vacances, ils s'appellent tous les jours au téléphone. ……………………
3. Ce roman se lit très bien. ……………………
4. Cette fourrure se porte seulement quand il fait très froid. ……………………
5. Il se lève très tôt le matin. ……………………
6. Je me méfie beaucoup de ces gens qui parlent trop. ……………………
7. Dès qu'ils ont entendu la sirène, ils se sont enfuis. ……………………
8. La salle de concert se vida très vite après le départ du chanteur. ……………………

S'entraîner

2 Soulignez dans chaque phrase le ou les verbes pronominaux, et indiquez à quels mode, temps et personne ils sont conjugués.

1. Depuis qu'il a gagné cette course, il se prend pour un dieu ! ……………………
2. Les otaries se sont encore enfuies de leur bassin. ……………………
3. Ils s'étaient à peine rencontrés que, déjà, il lui empruntait de l'argent. ……………………
4. Se trouvant fort belle, elle se regardait pendant des heures dans son miroir. ……………………
5. Dès qu'il fut sorti, elle se mit à casser toute la vaisselle. ……………………

3 Écrivez les verbes pronominaux entre parenthèses au mode et au temps demandés.

Aide ▸ Si vous hésitez sur les accords de certains participes passés, reportez-vous à la fiche 40.

1. Alia et Ilies (se disputer, passé simple de l'indicatif) .... violemment hier soir.
2. Vous (se cacher, présent de l'indicatif) .... en entendant les sirènes de la police.
3. Je (se casser, passé composé de l'indicatif) .... une jambe en faisant du ski.
4. Ils (se rencontrer, plus-que-parfait de l'indicatif) .... à une soirée organisée par un ami.
5. Dès qu'elles (se rétablir, futur antérieur de l'indicatif) ...., nous partirons en Italie.
6. Quand elle (s'approcher, passé composé de l'indicatif) .... de lui, il (s'enfuir, passé composé de l'indicatif) .... à toutes jambes !
7. À chaque fois qu'elle (s'approcher, imparfait de l'indicatif) .... de lui, il pensait qu'il aurait préféré être ailleurs.
8. C'est une journée dont nous (se souvenir, futur simple de l'indicatif) .... longtemps !

4 Transformez ces phrases afin d'obtenir un verbe pronominal.

Exemple : Antoine ressemble à Nathan. → Antoine et Nathan se ressemblent.

1. Je parle à Rose. ....
2. Julie a embrassé Mélissa. ....
3. Tu lui as écrit et il t'a répondu. ....
4. Je passe la balle à Thomas et il la passe à Léna. ....

5 Reconstituez les phrases en reliant chaque élément de la 1re colonne à l'élément de la 2e qui lui correspond.

Elle •	• nous nous sommes disputés.
Noé et Louise •	• s'est levée très tôt.
Il •	• vous vous détestiez.
Julie et toi, •	• ne t'es rendu compte de rien.
Alice et toi, •	• calme-toi !
Stéphanie et Léa •	• ne se rase pas souvent.
Tu •	• se sont mis d'accord.
Sophie, •	• se sont coupé les cheveux.

6 Complétez le texte suivant avec les verbes pronominaux qui sont proposés, conjugués au passé composé indicatif.

se remettre – se trouver – se vendre – se terminer – se disputer – s'avouer

Cette année pour Noël, les enfants .... les derniers jouets électroniques ! Certains parents .... démunis devant les vitrines qui rivalisaient d'ingéniosité. Que faire en effet devant toutes ces petites merveilles ? Parfois, la ruée vers les rayons .... en véritable pagaille ! La directrice d'une grande surface .... surprise par cette folie du jouet : « Pour mon magasin, dit-elle, les dernières trouvailles mêlant informatique et électronique .... en une soirée ; alors il faut vite recommander des jouets pour satisfaire les enfants ; on ne .... pas d'un oubli, je peux vous le dire. »

7 Corrigez si nécessaire les phrases suivantes.

1. Nous nous sommes échangés nos vestes. ....
2. Elle s'est coupée la main. ....
3. La maison et la grange se sont bien vendu. ....
4. Paul et Valérie se sont offerts des cadeaux. ....
5. Les oiseaux se sont envolé. ....
6. Elles se sont téléphonées la nouvelle. ....
7. Marie et Coralie se sont retrouvé au cinéma. ....
8. Elles ne se sont pas reconnu tout de suite. ....
9. Les livres qu'elle s'est acheté sont tous des romans. ....

21 Les valeurs du présent

Observer et retenir

■ Le présent situe les faits au moment où parle le locuteur. C'est le **présent d'énonciation**. C'est le temps du **discours**.
Exemple : Tu **parles** trop fort !

■ Lorsqu'on désire donner plus de vie aux faits rapportés, on peut l'associer à des temps du passé. On le rencontre dans le **récit** et on parle alors de **présent de narration**.
Exemple : Le soldat s'arrêta net et écouta l'ennemi ; il **s'approche**, **observe**, le **cherche** sans doute…

■ Le présent peut aussi exprimer :
- un fait qui se répète (on parle de **présent itératif**) : Je **prends** ce médicament tous les soirs.
- un fait qui a valeur de **vérité générale** : La neige **tient** mieux en altitude qu'en plaine.
- un fait qui a lieu dans le **passé** ou le **futur proche** : Ton père **quitte** à l'instant son bureau. Il **passe** te voir après son match de tennis.
- un **ordre** : Tu **mets** les mains en l'air et tu ne **bouges** pas !

Appliquer

1 Précisez la valeur du présent dans les phrases suivantes.

1. Le marché s'installe sur la place samedi. ………… – **2.** Tu prends tes affaires et tu quittes immédiatement cette salle. ………… – **3.** Ma sœur t'appelle dès son retour. ………… – **4.** Le soleil se lève à l'est et se couche à l'ouest. ………… – **5.** À Noël, nous skions toujours en Autriche. ………… – **6.** La belette est un petit mammifère carnassier de couleur fauve, plus claire sous le ventre. ………… – **7.** Le train part à l'instant. ………… – **8.** La bibliothèque ferme ses portes à 17 heures le samedi. ………… – **9.** Les prisonniers marchaient depuis des heures ; soudain, l'un d'eux s'arrête et appelle le surveillant. ………… – **10.** On ne fait pas d'omelette sans casser d'œufs. ………… – **11.** Les vacances finissent dans deux jours. ………… – **12.** Paulette prenait son bain tranquillement quand, tout à coup, une araignée tombe dans l'eau et s'accroche à ses orteils. ………… – **13.** L'avion se pose à l'instant mais redécolle dans une demi-heure. ………… / ………… – **14.** Tu rates ton oncle à un quart d'heure près. ………… – **15.** Tu poses ton arme sur le sol et tu mets les mains sur la tête. ………… – **16.** Vous chantez trop fort, vous voyez pourtant que je me repose ! ………… – **17.** Tant va la cruche à l'eau qu'à la fin elle se casse. ………….

S'entraîner

2 Remplacez le temps souligné par le présent et dites quelle est la valeur de ce présent.

1. Le plongeur vient de remonter à l'instant.
………… Valeur : …………

2. Il va replonger dans quelques minutes.
………… Valeur : …………

3. Dis-lui de ramasser des oursins sur les rochers.
………… Valeur : …………

4. Tu les prépareras pour le repas du soir.
………… Valeur : …………

5. Le train entrera en gare dans cinq minutes.
………… Valeur : …………

22 Comment employer le passé simple et l'imparfait

Observer et retenir

- Le **passé simple** présente l'action comme achevée, ayant un début et une fin ; le fait seul est pris en considération, pas sa durée.
- L'**imparfait** présente l'action dans son déroulement, dans sa durée.

Dans un même récit, on utilise tour à tour ces deux temps pour exprimer des nuances différentes.

passé simple	imparfait
action ponctuelle	répétition

Ce matin-là, le directeur **se montra** aimable ; habituellement, il nous **adressait** toujours des reproches !

action	description

Nous **fîmes** une grimace en goûtant sa tarte, qui **avait** un goût étrange de concombre !

action ponctuelle	action dans son déroulement

Un lapin **traversa** le stade, alors que l'arbitre **sifflait** le coup d'envoi.

Appliquer

1 Ce texte a été transposé au présent de l'indicatif : rétablissez le passé.

Antoine Richis est de très loin le bourgeois le plus fortuné de tout le pays. Il possède des propriétés terriennes non seulement dans la région de Grasse, où il cultive l'oranger, l'olivier, le froment et le chanvre, mais aussi près de Vence et du côté d'Antibes, où il a des métayers. Il possède des immeubles à Aix, des maisons à la campagne [...]. Pourtant, ce que Richis possède de plus précieux, c'est sa fille. Elle est son unique enfant, elle vient juste d'avoir seize ans, elle a les cheveux d'un roux profond et les yeux verts.

D'après Patrick Süskind, *Le Parfum*, © Librairie Arthème Fayard, 1986 pour la traduction française.

2 Dans le texte suivant, précisez, pour chaque verbe en rose, à quel temps il est conjugué et à quelle nuance cela correspond par rapport au contexte (action ponctuelle, répétition ou description).

« Quand on **arriva** devant le magasin, on se **mit** à regarder dans la vitrine, et c'était formidable. Il y **avait** des tas de cadeaux terribles : des petites statues, des saladiers en verre avec des plis, des carafes comme celles dont on ne se **servait** jamais à la maison [...] Ce qu'il y **avait** de plus beau, **c'étaient** les statues. Il y en **avait** une avec un monsieur en slip qui **essayait** d'arrêter deux chevaux pas contents ; une autre avec une dame qui **tirait** à l'arc [...] Quand nous **entrâmes** dans le magasin, le monsieur **vint** vers nous, en faisant des tas de gestes avec les mains.

– Allons, allons, nous **dit**-il, dehors !

– On est venu acheter un cadeau pour la maîtresse, **dit** Alceste.

– C'est combien, ça ? **demanda** Clotaire en prenant deux chevaux sur le comptoir.

– Attention ! C'est fragile ! **cria** le monsieur car Clotaire, qui était très maladroit, **cassait** toujours tout.

D'après Sempé-Goscinny, *Les Récrés du petit Nicolas* © *Denoël*.

22 Comment employer le passé simple et l'imparfait

3 Ce texte est au passé : choisissez le passé simple ou l'imparfait de l'indicatif.

Le docteur (venir) ______, (soulever) ______ le drap du bout des doigts, (jeter) ______ juste un regard sur le corps de Grenouille qui (paraître) ______ vraiment avoir essuyé cent coups de feu, et il (ressortir) ______ de la chambre sans même avoir ouvert la trousse que (porter) ______ son fidèle assistant. « Le cas n'(être) ______ que trop clair, (exposer) ______ il à Baldini. Il (s'agir) ______ d'une variété syphilitique de petite vérole, combinée avec une rougeole suppurante [...] Il ne (faire) ______ aucun doute que le décès du patient interviendrait dans les quarante-huit heures, aussi vrai que Procope (s'appeler) ______ Procope. Sur quoi il se (faire) ______ verser vingt francs de plus pour l'examen et l'établissement du pronostic.

D'après Patrick Süskind, *Le Parfum*, © Librairie Arthème Fayard, 1986 pour la traduction française.

4 Retrouvez quel type d'alternance est souligné par l'emploi des temps de chaque phrase (action ponctuelle/répétition ; action/description ; action ponctuelle/action dans son déroulement).

1. Il jeta un dernier regard vers la plaine qui blanchissait déjà sous les flocons de neige. ______
2. Chantal cousait des rideaux quand il entra. ______
3. Il prenait toujours le métro ; ce jour-là, il arriva à vélo. ______
4. Je fis un excellent gâteau aux noix, alors qu'auparavant mes tentatives culinaires se soldaient par des échecs. ______
5. Le détective fouillait méticuleusement chaque recoin de la pièce, quand il entendit des pas dans l'escalier. ______
6. La première fois qu'il la vit, il fut surpris : la douceur de son visage semblait contredire son allure de garçon manqué. ______
7. Cassandre ne mangeait jamais de purée de courgettes ; ce jour-là, elle en réclama à sa mère. ______
8. Nous avions pour habitude d'inviter nos voisins pour mon anniversaire mais l'an dernier ils refusèrent de venir. ______

5 Conjuguez les verbes de ce texte aux temps appropriés en vous aidant du contexte.

Ils s'en revinrent par la cavée, sous une avenue de hêtres. La maison montrait, de ce côté-là, sa cour d'honneur et sa façade. Elle (être) ______ peinte en blanc, avec des réchampis de couleur jaune. Le hangar et le cellier, le fournil et le bûcher (faire) ______ en retour deux ailes plus basses. La cuisine (communiquer) ______ avec une petite salle. On (rencontrer) ______ ensuite le vestibule, une deuxième salle plus grande, et le salon. Les quatre chambres au premier (s'ouvrir) ______ sur le corridor qui (regarder) ______ la rue. Pécuchet en (prendre) ______ une pour ses collections ; la dernière (être) ______ destinée à la bibliothèque ; et comme ils (ouvrir) ______ les armoires, ils (trouver) ______ d'autres bouquins, mais n'(avoir) ______ pas la fantaisie d'en lire les titres. Le plus pressé, c'(être) ______ le jardin. [...] Pour se garantir du soleil, Bouvard (porter) ______ sur la tête un mouchoir noué en turban, Pécuchet sa casquette ; et il (avoir) ______ un grand tablier avec une poche par devant, dans laquelle (balloter) ______ un sécateur, son foulard et sa tabatière.

D'après Flaubert, *Bouvard et Pécuchet*.

6 Même exercice.

Quand Julie (entrer) ______ dans le bois, elle ne (savoir) ______ pas ce qui l'(attendre) ______. Elle (avoir) ______ l'insouciance d'une enfant qui se promène. Pourtant, elle (marcher) ______ sur le chemin depuis dix minutes seulement quand elle (entendre) ______ un bruit étrange derrière des buissons. Julie (décider) ______ de s'approcher. Plus elle (avancer) ______, plus le bruit (ressembler) à une plainte. À un moment, elle (croire) ______ même entendre quelqu'un pleurer ! Elle (s'approcher) ______ d'un arbre, d'où le bruit (sembler) ______ venir. Elle ne (voir) ______ rien d'autre qu'un tronc. En s'approchant, elle (se rendre) ______ compte que le tronc (être) ______ fendu, et que des larmes de sève (couler) ______, comme le sang d'une blessure.

23 Les connecteurs logiques

Observer et retenir

Les **connecteurs logiques** sont des mots (**adverbes** : premièrement, pourtant ; **conjonctions de coordination** : car, donc ; **conjonctions de subordination** : parce que, quoique) qui établissent une **relation logique** entre deux phrases, deux paragraphes, deux idées.

Dans le tableau ci-dessous, vous retrouverez les principaux connecteurs logiques et les relations logiques qu'ils supposent.

relations logiques	addition et analogie	opposition et contradiction	cause et explication	conséquence et conclusion
Connecteurs logiques	premièrement, deuxièmement, et, aussi, de plus, par ailleurs, également, de même	mais, pourtant, cependant, néanmoins, en revanche, au contraire, malgré, quoique	car, parce que, puisque, en effet, de fait, étant donné que, vu que	donc, par conséquent, ainsi, de sorte que, si ... que, tellement que

Appliquer

1 Soulignez le (ou les) connecteur(s) logique(s) dans les textes 1 et 2 puis indiquez quelle relation logique implique chacun de ces connecteurs.

Texte 1

Double « exploit » de l'Argentine lors de la finale de Coupe du monde. En effet, pour la première fois à ce niveau, deux joueurs ont été expulsés après avoir commis une faute grave.

Relation(s) logique(s) : ……………………

Texte 2

Qu'en est-il du téléphone mobile ? Tout d'abord, cet appareil révolutionnaire est léger, maniable, discret. Ensuite, il rend d'importants services puisqu'on peut l'emmener partout, à n'importe quel moment. Toutefois, son prix souvent trop élevé le rend inaccessible à certaines personnes. Par conséquent, il s'agit pour les fabricants de trouver la formule qui allie le service et la rentabilité.

Relation(s) logique(s) : ……………………

S'entraîner

2 Complétez le texte suivant avec les connecteurs logiques suivants.

en effet – bien que – malgré – ainsi – donc – cependant

…………… une différence d'âge notoire, notre champion a réussi l'exploit ! ……………, Jérôme Michel, …………… quadragénaire, a montré une étonnante forme physique pendant la finale de Roland-Garros, …………… il s'est octroyé le luxe de ridiculiser son adversaire en lui infligeant une sévère correction ; ……………, en homme avisé, il a annoncé son désir de mettre fin à sa carrière. Nous lui souhaitons …………… une heureuse retraite !

3 Retrouvez la structure du texte suivant en le complétant à l'aide des connecteurs qui conviennent.

mais – d'abord – car – toutefois – ensuite – enfin

Pour accéder à la plage, vous avez le choix : …………… vous pouvez descendre l'escalier qui part du haut de la falaise, …………… c'est fatigant ; …………… vous avez le funiculaire ; c'est rapide et silencieux. Le prix du ticket est …………… élevé ; …………… si vous êtes intrépide, on vous propose une descente en parapente. Dépêchez-vous, …………… la marée monte !

24 Formation et emploi des temps composés de l'indicatif

Observer et retenir

■ **Passé composé** : auxiliaire *avoir* ou *être* à l'indicatif présent + participe passé du verbe.
Exemple : J'ai compris.

■ **Passé antérieur** : auxiliaire *avoir* ou *être* à l'indicatif passé simple + participe passé du verbe.
Exemple : J'eus compris.

■ **Plus-que-parfait** : auxiliaire *avoir* ou *être* à l'indicatif imparfait + participe passé du verbe.
Exemple : J'avais compris.

■ **Futur antérieur** : auxiliaire *avoir* ou *être* à l'indicatif futur + participe passé du verbe.
Exemple : J'aurai compris.

■ Ils expriment :
- une action antérieure ;

Exemples :
C'est dommage, tu arrives alors que nous **avons mangé** tous les gâteaux !
Quand il **eut mangé**, il nous raconta son histoire.
Quand il **avait plu**, le grenier était inondé.
Quand tu **auras fait** la vaisselle, tu étendras le linge !

- une action achevée.

Exemples :
J'**ai tondu** la pelouse cet après-midi.
En quelques minutes, il **eut rangé** sa chambre.
À vingt ans, il **avait fait** le tour du monde.
Dans six mois, il **aura terminé** ses études.

■ On utilise aussi fréquemment :
- le passé composé pour une action dont les effets se prolongent dans le présent (**Ex. :** J'**ai attrapé** la grippe.) ;
- le futur pour exprimer une supposition (**Ex. :** Elle **sera** sans doute **allée** faire les courses...).

Appliquer

1 Indiquez à quel temps les verbes en rose sont conjugués et précisez quelle nuance exprime ce temps.

1. Philippe est en retard ; il **aura** sûrement **pris** une mauvaise route. ______________ – **2.** Quand Bernard **eut raconté** son histoire, ils se mirent tous à pleurer. ______________ – **3.** Quand nous **avions terminé** nos devoirs, nous nous retrouvions devant le cinéma. ______________ – **4.** Lorsque tu **seras arrivée**, téléphone-moi. ______________ – **5.** Quand il **a fait** chaud, les jardiniers sont obligés d'arroser leurs semis. ______________ – **6.** As-tu **coupé** le chauffage ? Je suis gelée ! ______________ – **7.** J'**ai ouvert** la fenêtre. ______________ – **8.** Marie **est sortie**. ______________

S'entraîner

2 Conjuguez les verbes entre parenthèses à l'un des temps composés qui convient.

1. Depuis que les voisins (partir) ______________, nous ne sommes plus gênés par le bruit. – **2.** Quand Pierre (cesser) ______________ de raconter des histoires drôles, il n'y eut plus d'ambiance. – **3.** C'est seulement quand tu (obtenir) ______________ ton baccalauréat que tu passeras ton permis de conduire ! – **4.** Dès que la mer (se retirer) ______________, nous allions ramasser des coquillages sur le sable. – **5.** Dès que la soucoupe volante (disparaître) ______________ dans le ciel, ils coururent jusqu'au poste de police le plus proche. – **6.** Je ne vois pas ta sœur... Elle (encore aller) ______________ s'acheter des chaussures ! – **7.** À cinquante ans, Joséphine (encore jamais prendre) ______________ le train. – **8.** Paula ne viendra pas travailler aujourd'hui, elle (avoir) ______________ un accident. – **9.** Stéphanie (terminer) ______________ son tricot dans deux ans peut-être ! – **10.** Quand Pierre et Hélène (teindre) ______________ les poils du chien en mauve, une violente colère s'empara de leur mère.

25 L'impératif présent

Observer et retenir

L'impératif exprime un **ordre**, une **défense**, une **invitation**, un **conseil**.
Il ne se conjugue qu'à trois personnes : **2e du singulier**, **1re et 2e du pluriel**. Les sujets ne sont pas exprimés.
Les formes de l'impératif présent sont les mêmes que celles de l'indicatif présent, sauf pour les verbes du 1er groupe (plonge, grimpe, etc.) et ceux du 3e groupe dont la terminaison est muette (cueille) : la 2e personne du singulier est en **-e**.
Toutefois, devant les pronoms **en** et **y**, on garde la forme **es** par euphonie :
Exemples : Apporte des crayons.
Apportes-en.
Les variations éventuelles sont les mêmes que pour l'indicatif présent : mangeons, prenons, rinçons, dites, etc.

avoir	être	chanter (1er groupe)	choisir (2e groupe)	défendre (3e groupe)
aie ayons ayez	sois soyons soyez	chante chantons chantez	choisis choisissons choisissez	défends défendons défendez
rire (3e groupe)	**suivre (3e groupe)**	**croire (3e groupe)**	**cueillir (3e groupe)**	**aller (3e groupe)**
ris rions riez	suis suivons suivez	crois croyons croyez	cueille cueillons cueillez	va allons allez

Appliquer

1 Conjuguez les verbes suivants à l'impératif présent.

1. haïr → ....
2. aller → ....
3. sortir → ....
4. ranger → ....
5. mordre → ....
6. attraper → ....
7. appeler → ....
8. boire → ....
9. finir → ....
10. placer → ....
11. accueillir → ....
12. peindre → ....
13. manger → ....
14. guérir → ....

S'entraîner

2 Transformez les phrases suivantes de manière à obtenir le présent de l'impératif.

Exemple : Tu te hâtes dans les côtes. → Hâte-toi dans les côtes !

1. Nous parlons en mangeant. ....
2. Vous mordez dans le fromage et vous ne vous occupez pas des invités. ....
3. Vous avez du courage et vous allez jusqu'au bout. ....
4. Tu réfléchis toujours avant d'agir. ....
5. Tu y vas et tu en ramènes pour tout le monde. ....
6. Nous chantons et vous, vous vous taisez. ....

7. Tu t'empares de cette crapule et tu la jettes en prison. ....

8. Nous nous attendons au pire mais tu ne t'alarmes pas. ....

9. Tu en cueilles beaucoup pour faire une bonne potion. ....

3 Mettez les verbes en rose à l'impératif présent (2e personne du singulier) et le premier verbe à la forme négative.

1. Plaisanter avec les fantômes/respecter leur promenade nocture.

....

2. Marcher sur les pieds de Berthe/s'écarter d'un mètre.

....

3. Exclure ce mauvais joueur/l'avertir fermement.

....

4. Guigner mes fraises/se servir.

....

5. Gesticuler sur sa chaise/garder son calme et attendre.

....

6. Jacasser dans les oreilles du professeur/le flatter habilement.

....

7. Rester ici/aller plutôt faire un tour.

....

4 Récrivez cette recette en remplaçant les verbes à l'infinitif entre parenthèses par des verbes à l'impératif présent, 2e personne du singulier.

(Manger) .... Tex Mex avec les tortillas de maïs de Paco.

Dans une terrine (mélanger) .... les deux farines et le sel. (Ajouter) ...., cuillerée par cuillerée, 15 à 20 cl d'eau tiède. (Achever) .... de pétrir la pâte avec les mains, (la couvrir) .... d'un linge propre et (la laisser) .... reposer dans un endroit tiède. (Façonner) .... douze boules de pâte d'égale grosseur. (Fariner) .... le plan de travail et (étaler) .... chaque boule au rouleau à pâtisserie pour obtenir une galette d'environ quinze centimètres de diamètre. (Cuire) .... les galettes à la poêle. (Applaudir) .... Paco.

5 Quelle nuance exprime chacun des impératifs : ordre, conseil, défense, prière ou invitation ?

1. Armez-vous de patience, ne vous découragez pas. ....
2. Sortez d'ici ! ....
3. Nageons jusqu'à la bouée. ....
4. Je vous en prie, aidez-moi ! ....
5. Montre-moi tes mains, vite ! ....
6. Servez-vous en pain. ....
7. Relisez bien les consignes qu'on vous donne. ....
8. Écoute les conseils de ton entraîneur. ....
9. Jetez vos armes et mettez-vous à plat ventre ! ....
10. Chantons tous en chœur à l'arrivée des mariés. ....
11. Veuillez attendre ici. ....
12. Ne t'en fais pas, tu vas réussir ! ....
13. Ne nous punissez pas, ayez pitié de nous ! ....
14. Il fait beau, installons-nous dans le jardin. ....

26 Le mode subjonctif

Observer et retenir

Je ne pense pas qu'il ment.
indicatif
action présentée comme **réelle**

Je ne pense pas qu'il mente.
subjonctif
action présentée comme **incertaine**,
pouvant ou non se réaliser, c'est-à-dire **éventuelle**

- Dans une **proposition indépendante** ou **principale**, le subjonctif exprime **le souhait, l'ordre** ou **la défense** dans des phrases de type injonctif, ou **la supposition**.

Exemples : Qu'il entre ! (ordre)
Pourvu qu'il fasse beau ! (souhait)
Soit un triangle rectangle... (supposition)

- Dans les **propositions subordonnées complétives**, le subjonctif est commandé par des verbes exprimant **le doute, la volonté, le sentiment**. (*cf.* fiche 13).

Exemple : Je doute que cette voiture t'appartienne...

- Dans les **propositions subordonnées circonstancielles**, le subjonctif est imposé par **certaines conjonctions** exprimant **le temps** (avant que, jusqu'à ce que), **le but** (afin que, de sorte que, pour que), **la concession** (bien que, quoique).

Il y a quatre temps au mode subjonctif : présent, passé, imparfait, plus-que-parfait.

- **Subjonctif présent :** radical présent + **e, es, e, ions, iez, ent**.

Attention ▸ Pour les verbes du 2e groupe, on a toujours **iss** devant ces terminaisons ; certains verbes, en particulier ceux du 3e groupe, présentent un radical irrégulier : que je fasse, que je sache, qu'il voie, que nous puissions, que vous connaissiez, qu'ils prennent, etc.

- **Subjonctif passé :** auxiliaire **avoir** ou **être** au subjonctif présent + participe passé du verbe.

Exemple : Que j'aie regardé, que tu aies fini, qu'il soit allé, que nous ayons été, que vous ayez eu, qu'ils aient fait, etc.

- **Subjonctif imparfait :**

1er groupe : radical présent + **asse, asses, ât, assions, assiez, assent**.
2e groupe : radical présent + **isse, isses, ît, issions, issiez, issent**.
3e groupe : les terminaisons sont en **insse..., isse..., usse...** Aidez-vous de la forme du passé simple de l'indicatif : je vins → que je vinsse ; tu crus → que tu crusses ; il prit → qu'il prît.

Attention ▸ N'oubliez pas l'accent circonflexe à la 3e personne du singulier.

- **Subjonctif plus-que-parfait :** auxiliaire **avoir** ou **être** au subjonctif imparfait + participe passé du verbe.

Exemple : Que j'eusse regardé.

Remarque ▸ Ces deux derniers temps s'emploient dans un niveau de langage soutenu.

Appliquer

1 Mettez ces formes verbales au subjonctif présent.

1. Tu lis : ______ – **2.** Nous aimons : ______ – **3.** Tu prends : ______ – **4.** Vous allez : ______ – **5.** Nous mangeons : ______ – **6.** Je viens : ______ – **7.** Il peut : ______ – **8.** Ils ont : ______ – **9.** Vous croyez : ______ – **10.** Nous rions : ______

2 Mettez ces formes verbales au subjonctif passé.

1. Il veut : ______ – **2.** Tu sors : ______ – **3.** Vous gagnez : ______ – **4.** Ils se battent : ______ – **5.** Il court : ______ – **6.** Vous venez : ______ – **7.** Je souhaite : ______ – **8.** Tu donnes : ______ – **9.** Il écrit : ______ – **10.** Vous nagez : ______

3 Mettez ces formes à l'indicatif passé simple, puis au subjonctif imparfait.

1. Il a : ……
2. Tu es : ……
3. Il vient : ……
4. Ils regardent : ……
5. Il frappe : ……
6. Il grandit : ……
7. Il tient : ……
8. Il court : ……
9. Tu vas : ……
10. Il pleut : ……

4 Précisez si les verbes en rose sont conjugués au mode indicatif ou subjonctif.

1. Bien que tu aies fini tes devoirs, je t'interdis de sortir. …… – 2. Qu'il se lève si tard finit par m'agacer ! …… – 3. Pourvu qu'il arrive à l'heure ! …… – 4. Je souhaite que tu m'accompagnes. …… – 5. Il refuse que je copie sur lui pendant les interrogations. …… – 6. Quoique tu ne m'amuses pas, je t'écoute par politesse… …… – 7. Je serai odieuse jusqu'à ce qu'il pleure. …… – 8. Je suis déçue que mon chat n'essaie plus d'aboyer ! …… – 9. Après que leur mère est entrée dans la cuisine, elle a hurlé en constatant l'étendue des dégâts. …… – 10. Ne fais rien avant qu'il n'arrive. ……

5 Justifiez l'emploi du mode subjonctif dans chaque phrase (ordre, supposition, etc.).

1. Pourvu que le professeur ne soit pas trop énervé ! ……
2. Que le ciel exauce nos prières ! ……
3. Il faut que je le voie. ……
4. J'attendrai près du pont jusqu'à ce que tu reviennes. ……
5. Bien qu'il fasse froid, ton grand-père a mis son short pour sortir. ……
6. Les spectateurs regrettent que la pièce soit terminée. ……
7. Christine craignait qu'il ne fît froid. ……
8. Qu'elle sorte ! ……

6 Mettez le verbe entre parenthèses au mode et au temps qui conviennent.

1. Nous disposons au mieux les tables afin que tous les invités (pouvoir) …… se voir. – 2. Nous souhaitons que tu (venir) …… . – 3. Il faudrait que je le (voir) …… . – 4. Bien qu'il (vivre) …… pendant de longues années en Afrique, nous sommes toujours restés amis. – 5. Elle affirme que tu (avoir) …… raison. – 6. Prends ton jeu de cartes ; je doute qu'il (faire) …… beau demain. – 7. Il est temps que nous (partir) …… . – 8. J'attends avec impatience qu'ils (arriver) …… . – 9. Je ne voudrais pas qu'elle (savoir) …… que je (être) …… là. – 10. Tu es en retard : je doute que tu (prendre) …… la bonne route. – 11. J'ai inventé toute cette histoire pour que tu (venir) …… . – 12. Il faut que tu (prendre) …… ton mal en patience ! – 13. Fais comme tu veux, pourvu que tu (réussir) …… . – 14. Qu'il (savoir) …… à qui il a affaire ! – 15. Avant que tu ne (courir) …… acheter ce cédérom, vérifie le bon fonctionnement de ton ordinateur !

7 Même exercice.

1. Cassandre explique à ses parents qu'elle aimerait bien qu'ils (faire) …… quelques efforts car ils ne (être) …… pas toujours très compréhensifs. – 2. Ils exigent qu'elle (aller) …… se coucher de bonne heure ! – 3. Mais il n'est pas question qu'elle (obéir) …… ! – 4. Ils veulent qu'elle (faire) …… ses devoirs dès qu'elle (revenir) …… du collège, mais quand il (faire) …… beau, comment (pouvoir) ……-elle se faire une raison ? – 5. Bien qu'on lui (dire) …… sans arrêt qu'il (être) …… conseillé de manger des légumes verts et des viandes grillées, elle n'(aimer) …… que les frites ! – 6. Avant qu'il ne (être) …… trop tard, il faudra bien qu'elle (s'assagir) …… un peu !

27 La forme impersonnelle

Observer et retenir

■ **Exemple :** « Eliott, **il pleut** ! Rentre les vélos !
– **Il paraît** que ça n'est qu'une averse ! »

Un verbe est impersonnel quand on ne peut le conjuguer qu'à la **3e personne du singulier**. Le sujet (**il**) ne représente pas un être humain, ni un animal, ni une chose définie, c'est un **pronom neutre**.

Il existe des **verbes essentiellement impersonnels** : pleuvoir, neiger, grêler, falloir.

■ De nombreux verbes peuvent néanmoins **se construire de façon impersonnelle** : passer, faire, arriver, paraître…
Dans ce cas, on trouve un sujet apparent « il » (qui commande l'accord du verbe) et un sujet réel.
Exemples : Il arriva une drôle d'aventure. (voix active) – sujet réel : *une drôle d'aventure.*
Il a été rappelé le fait suivant. (voix passive) – sujet réel : *le fait suivant.*
Il se passe d'étranges phénomènes (voix pronominale) – sujet réel : *d'étranges phénomènes.*

Appliquer

1 Conjuguez les verbes suivants aux temps simples de l'indicatif, à la 3e personne du singulier.

	Indicatif présent	Indicatif futur	Indicatif imparfait	Indicatif passé simple
Pleuvoir des cordes				
Neiger abondamment				
Falloir partir tôt				
Faire un temps de chien				

S'entraîner

2 Récrivez ces phrases en supprimant la forme impersonnelle.

1. Il arriva de la cuisine une odeur de poisson brûlé. ……
2. Il ne faut pas entraîner mamie dans la grande roue ! ……
3. Il circule des critiques à propos du facteur. ……
4. Il faut absolument que tu changes cette lampe. ……

3 À partir des éléments suivants, construisez des phrases avec un verbe à la forme impersonnelle.

Exemple : majeure partie du pays – neiger → Il neigera sur la majeure partie du pays.

1. arriver – te tromper → ……
2. des choses étranges – flotter – à la surface de l'eau → ……
3. beaucoup de voitures – passer – sur cette route → ……
4. dangereux – être – à cet endroit – traverser → ……
5. conseiller – arriver une heure avant l'embarquement → ……
6. impossible – je me trompe → ……
7. se pouvoir – faire beau – aujourd'hui → ……
8. pas interdit – m'aider à faire la vaisselle → ……

28 Pouvoir/Devoir/Vouloir/Paraître

Observer et retenir

■ **Exemple :** Mina, qui pratique le patinage artistique, peut rencontrer le champion du monde ; pour cela elle doit monter sur le podium lors de la compétition annuelle. Il paraît que c'est lui qui remettra les médailles ! Je ne veux pas rater ce moment.

■ Les verbes *pouvoir*, *devoir*, *vouloir* et *paraître* sont des verbes du **troisième groupe**, dits **irréguliers**, car ils ne se conjuguent pas toujours de la même manière.

Infinitif	Indicatif				Conditionnel	Subjonctif		Impératif	Participe	
	Présent	**Imparfait**	**Passé simple**	**Futur**	**Présent**	**Présent**	**Imparfait**	**Présent**	**Présent**	**Passé**
Pouvoir	Je peux Il peut Nous pouvons Ils peuvent	pouvais pouvait pouvions pouvaient	pus put pûmes purent	pourrai pourra pourrons pourront	pourrais pourrait pourrions pourraient	puisse puisse puissions puissaient	pusse pût pussions pussent		pouvant	pu
Devoir	Je dois Il doit Nous devons Ils doivent	devais devait devions devaient	dus dut dûmes durent	devrai devra devrons devront	devrais devrait devrions devraient	doive doive devions doivent	dusse dût dussions dussent	dois devons devez	devant	dû
Vouloir	Je veux Il veut Nous voulons Ils veulent	voulais voulait voulions voulaient	voulus voulut voulûmes voulurent	voudrai voudra voudrons voudront	voudrais voudrait voudrions voudraient	veuille veuille voulions veuillent	voulusse voulût voulussions voulussent	veuille voulons voulez	voulant	voulu
Paraître	Je parais Il paraît Nous paraissons Ils paraissent	paraissais paraissait paraissions paraissaient	parus parut parûmes parurent	paraîtrai paraîtra paraîtrons paraîtront	paraîtrais paraîtrait paraîtrions paraîtraient	paraisse paraisse paraissions paraissent	parusse parût parussions parussent	parais paraissons paraissez	paraissant	paru

Appliquer

1 Conjuguez à l'imparfait de l'indicatif.

1. Mon frère (pouvoir) .... plonger en apnée pendant trois minutes.
2. Tu (devoir) .... pourtant me téléphoner.
3. Les joueurs (paraître) .... plutôt fatigués.
4. Le roi (vouloir) .... poser son veto.

S'entraîner

2 Rédigez une phrase en employant le passé simple, puis une autre en employant le participe présent avec les verbes suivants.

1. Vouloir : ....
....
2. Pouvoir : ....
....
3. Devoir : ....
....
4. Paraître : ....
....

3 Même exercice en employant le présent de l'indicatif, puis le futur de l'indicatif.

1. Vouloir : ……

2. Pouvoir : ……

3. Devoir : ……

4. Paraître : ……

4 Écrivez les verbes entre parenthèses au passé simple ou à l'imparfait, selon ce qui s'impose.

1. Alors qu'ils (pouvoir) …… finir le match par une victoire, les joueurs de l'équipe de France (devoir) …… se contenter d'un nul ; l'entraîneur, qui (paraître) …… préoccupé devant ce manque de réussite, déclara qu'il (vouloir) …… se laisser encore un peu de temps avant de procéder à des ajustements.
2. Vous (devoir) …… vous présenter à l'accueil, les hôtesses ne (pouvoir) …… pas vous manquer ; en votre absence, l'ambiance dans l'avion (paraître) …… rapidement terne et nous ne (vouloir) …… pas vous critiquer. La prochaine fois, ne vous trompez pas de porte d'embarquement !
3. (Vouloir) ……-vous manger votre riz avec des baguettes ? Vous (paraître) …… tellement malheureux que nous (devoir) …… nous résoudre à en demander au serveur qui ne (pouvoir) …… vous satisfaire.
4. Nous (devoir) …… acheter un nouvel ordinateur, mais nous ne (pouvoir) …… pas parce que le vendeur, qui (paraître) …… mal réveillé, ne (vouloir) …… pas nous conseiller.
5. Malgré nos mises en garde, mon oncle (vouloir) …… faire du kite surf ; il (s'envoler) …… et ne (pouvoir) …… contrôler sa voile ; en définitive, les pompiers (devoir) …… aller le rechercher au large !

5 Conjuguez les verbes entre parenthèses en employant le futur comme temps principal.

1. Quand nous (vouloir) …… partir en vacances, nous (pouvoir) …… prendre l'avion à condition que nous (vouloir) …… bien payer plus cher.
2. Quand elle (pouvoir) …… retourner en classe, elle (devoir) …… rattraper les cours. Cela lui (paraître) …… difficile, mais elle (vouloir) …… faire son maximum.

6 Rédigez une phrase en conjuguant chaque verbe au subjonctif présent, à la personne indiquée.

1. devenir, 1re personne du pluriel
   → ……
2. vouloir, 2e personne du pluriel
   → ……
3. pouvoir, 2e personne du singulier
   → ……
4. paraître, 2e personne du pluriel
   → ……

29 Énoncé et situation d'énonciation

Observer et retenir

■ Parler ou écrire signifie que l'on produit un message à destination de quelqu'un.

émetteur (ou locuteur) → message → récepteur (ou destinataire)

– **énoncé** : message.
– **énonciation** : fait de produire un énoncé. Quand le cosmonaute s'adresse à Tom, il produit un énoncé : « Tom, j'étais sûr qu'ici nous serions bien reçus. »
– **situation d'énonciation** :
Qui produit le message ? (émetteur).
À qui est-il adressé ? (récepteur ou destinataire). Ici, l'émetteur est un cosmonaute et le destinataire, Tom.
Dans quelles circonstances ce message est-il produit ? Lieu : la planète Mars ; moment : non précisé.

■ **L'énoncé ancré dans la situation d'énonciation**
Certains énoncés n'ont un sens que si on connaît la situation d'énonciation :
« J'étais sûr qu'ici nous serions bien reçus » → Énoncé incompréhensible si on ne sait pas qui est « nous », ni quel endroit désigne « ici ».
Les indices de la situation d'énonciation, qui désignent donc quelque chose de différent à chaque fois que la situation d'énonciation est modifiée, sont : des pronoms personnels – 1re et 2e personnes – ; des pronoms et des adjectifs possessifs (le mien, ton, etc.) ; des adverbes de temps (maintenant, etc.) et de lieu (ici, etc.).

■ **L'énoncé coupé de la situation d'énonciation**
Bill dit à Tom que sur Mars ils seraient bien reçus → Nous n'avons pas besoin de la situation d'énonciation pour comprendre l'énoncé.

Appliquer

1 En observant bien ces énoncés, essayez de donner le maximum d'informations sur la situation d'énonciation (identité du locuteur, du destinataire, moment, lieu).

Énoncé 1 : Éric Dupont
2, rue de l'Église — le 19 juin 1998
02600 Glisy
Salut Sébastien,
Comment vas-tu ? Je m'ennuie un peu à la maison ;
j'espère que tu me rendras visite bientôt.
Éric

Énoncé 2 : Durant l'hiver de l'année 1888, les ouvriers en grève s'étaient rassemblés devant la mine. « Camarades, lança Victor, vous avez chaque jour l'impression de vivre un cauchemar ! Réveillez-vous, je vous en conjure ! »

Énoncé 3 : « Chère amie, je serais heureuse de vous revoir. Et dire que j'ai failli ne pas venir à ce Grand Prix de Diane ! Irez-vous au bal que donne le comte de Paris ? »

Énoncé 4 : Mascarille : – Vicomte, as-tu là ton carosse ? (Molière, *Les Précieuses ridicules*.)

Énoncé 5 : « Amis, n'y aurait-il pas un homme assez confiant en son propre cœur pour oser aller, chez les Troyens magnanimes, voir s'il enlèverait quelque ennemi, à la lisière du camp... » (Homère, *Iliade*, chant X.)

S'entraîner

2 Dans les phrases suivantes, les mots en rose renvoient-ils à la situation d'énonciation ?

1. **Ce** matin, je me suis levée à dix heures. ____ – **2.** Elle assura les policiers que **ce matin-là**, elle n'était pas sur les lieux du crime... ____ – **3.** La chouette est un oiseau nocturne. Quand on entend **cet** oiseau hululer la nuit, **cela** annonce une naissance, dit-on. ____ – **4.** Je vais prendre **ce** sac, dans la vitrine. ____ – **5.** **À ce moment-là**, il n'y avait déjà plus rien à faire. ____ – **6.** Regarde **cet** oiseau sur la branche ! ____

3 Ces énoncés sont-ils ancrés dans la situation d'énonciation ou en sont-ils coupés ? Dans le premier cas, relevez les mots qui sont des indices de la situation d'énonciation.

Énoncé 1 : Mouquet, en s'en allant, se rencontra avec son père, le vieux Mouque, qui sortait aussi du Voreux ; et les deux hommes se dirent simplement bonsoir. (Émile Zola, *Germinal*.)

Énoncé 2 : Sans m'écouter, il m'expliqua que son livre chanterait la fraternité de tous les hommes. (J.-L. Borges, *Le Livre de sable*.)

Énoncé 3 : Dans la classe qui sentait les châtaignes et la piquette, il n'y avait que deux balayeurs qui déplaçaient les tables. Je m'approchai du poêle pour m'y chauffer paresseusement. (Alain-Fournier, *Le Grand Meaulnes*.)

Énoncé 4 : « C'est tout ça ! On nous estropie les petits, maintenant ! ... Les deux jambes, mon Dieu ! Qu'est-ce qu'on veut que j'en fasse ?
– Tais-toi donc ! dit le docteur Vanderhagen, qui avait suivi pour panser Jeanlin. Aimerais-tu mieux qu'il fût resté là-bas ? » (Émile Zola, *Germinal*.)

Énoncé 5 : Je dois partir maintenant ; on m'attend. Je vous parlerai de ce dossier la semaine prochaine.

Énoncé 6 : Vous n'êtes pas un peu fou, non, de donner des idées comme ça aux gosses ? (Sempé-Goscinny, *Les Vacances du petit Nicolas* © Denoël.)

30 Rapporter les paroles : le discours direct

Observer et retenir

Dans le **discours direct**, le narrateur rapporte les paroles **exactement telles qu'elles ont été prononcées**, nous donnant l'impression d'assister à la scène.

Exemple 1 : Il a promis : « **Je** viendrai **demain**. »
Exemple 2 : – **Je** viendrai **demain,** promit-il.
– **Je** ne veux pas **te** voir, répondit-elle.

- On utilise un **verbe introducteur de la parole**, placé devant les propos rapportés (avec deux points), inséré ou placé après.
- Les **guillemets** délimitent souvent le début et la fin des propos (exemple 1).
- Dans le cas d'un dialogue, les **tirets** indiquent le changement d'interlocuteur (exemple 2).
- La **situation d'énonciation** est repérable par les pronoms personnels, les indices de temps ou d'espace par exemple (en couleur dans les exemples).

Appliquer

1 Soulignez dans cette fable les passages au discours direct.

Le Pot de terre et le Pot de fer

Le pot de fer proposa
Au pot de terre un voyage.
Celui-ci s'en excusa,
Disant qu'il ferait que sage
De garder le coin du feu :
Car il lui fallait si peu,
Si peu, que la moindre chose
De son débris serait cause.
Il n'en reviendrait morceau.
« Pour vous, dit-il, dont la peau
Est plus dure que la mienne,
Je ne vois rien qui vous tienne.
– Nous vous mettrons à couvert,
Repartit le pot de fer.
Si quelque matière dure
Vous menace d'aventure,
Entre deux je passerai,
Et du coup vous sauverai. »
Cette offre le persuade.
Pot de fer son camarade
Se met droit à ses côtés.
Mes gens s'en vont à trois pieds,
Clopin-clopant, comme ils peuvent,
L'un contre l'autre jetés,
Au moindre hoquet qu'ils trouvent.
Le pot de terre en souffre : il n'eut pas fait cent pas
Que par son compagnon il fut mis en éclats,
Sans qu'il eût lieu de se plaindre.
Ne nous associons qu'avec nos égaux,
Ou bien il nous faudra craindre
Le destin d'un de ces pots.

La Fontaine, *Fables*.

S'entraîner

2 Récrivez ce texte au discours direct.

Sophie propose à ses amis d'aller faire un tour au cimetière le soir-même. Anne chuchote qu'elle les accompagnerait bien, mais qu'elle a peur des cimetières la nuit. Michel ajoute qu'il a déjà aperçu des lueurs danser au-dessus des caveaux fraîchement ouverts. Anne lui demande comment malgré cela il a encore envie d'y retourner. Michel répond que ce phénomène l'intrigue beaucoup et qu'il aimerait en connaître la raison. Henri intervient alors en disant qu'il préfère rester ignorant mais en vie.

3 **1. Rétablissez le discours direct.**

Aide Pensez à aller à la ligne quand vous changez d'interlocuteur.

Alfred affirme qu'il lui pardonne, mais qu'il est barjot, car il cherche toujours à jouer des mauvais tours, alors qu'il sait bien que les gens s'en rendront compte. Il ajoute que c'est la meilleure façon de ne plus avoir un seul copain. Barnabé lui répond qu'il sait tout ça, mais que c'est plus fort que lui et qu'il aimera toujours faire des farces. Alfred ajoute qu'il espère bien ne plus être victime de sa passion.

2. Quel registre de langage remarquez-vous ? (Citez deux mots.) Ce registre est-il plus approprié au discours direct ou au discours indirect ? Pourquoi ?

4 **Transformez ces phrases afin d'obtenir le discours direct.**

Aide Pensez à ajouter des mots, expressions, signes, caractéristiques de l'oral.

1. Pierre demanda à son frère s'il y avait des ouistitis à Bornéo.

2. Le vendeur du rayon électroménager proposait justement un téléviseur à écran plat et un lecteur de DVD.

3. Norbert s'exclamait que ses frites étaient les plus croustillantes du marché et que les clients pouvaient s'approcher pour goûter.

4. Le commissaire interrogea le suspect en lui faisant remarquer que son alibi n'était qu'un tissu de mensonges et que personne ne pourrait témoigner en sa faveur.

5. Le ministre, en visite dans notre ville, affirma qu'il était urgent de rénover les vieux quartiers et ajouta que le théâtre devait être réhabilité dans les plus brefs délais.

6. Les joueurs de l'équipe nationale ont dit aux journalistes qu'ils n'avaient rien pu faire contre une équipe allemande nettement supérieure sur le plan tactique ; ils ont déploré le manque de motivation de leur gardien de but et ont promis à leurs spectateurs de montrer une meilleure image lors des prochains matches.

7. Un fantôme s'est glissé dans ma chambre et m'a demandé si je voulais bien lui prêter ma console car il voulait savoir comment on joue. J'ai eu très peur mais il m'a rassuré en me disant qu'il pourrait revenir souvent pour jouer contre moi lorsque j'aurai des insomnies.

8. J'ai demandé à la vendeuse si elle n'avait pas des chaussures roses. Elle a été très étonnée et m'a demandé à deux reprises si je voulais vraiment des mocassins roses. Je lui ai répondu que j'en rêvais depuis longtemps.

31 Rapporter les paroles : le discours indirect

Observer et retenir

Dans le **discours indirect**, le narrateur rapporte le sens global des paroles prononcées ; elles sont **modifiées pour être intégrées au récit** et ne renvoient plus directement à la situation d'énonciation.

- Elles sont introduites par un **verbe de parole**, toujours placé avant ; il n'y a plus les deux points ni les guillemets.
- Elles deviennent :
  – des **propositions subordonnées conjonctives complétives introduites par que** (**Ex. :** Il promit **qu'**il viendrait).
  – des **propositions subordonnées interrogatives indirectes introduites par si** ou par un autre mot interrogatif.
- Dans un récit à la 3e personne, les pronoms personnels des 1re et 2e personnes passent à la 3e personne, certains adverbes de lieu et de temps sont modifiés : *je* devient *il*, *demain* devient *le lendemain*, *ici* devient *là*, etc.

Exemple : **Il** promit qu'**il** viendr**ait** **le lendemain**, mais **elle** répond**it** qu'**elle** ne voul**ait** pas **le** voir.

- Il n'y a plus de phrases de type exclamatif ou interrogatif.
- **La concordance des temps**

[principale au présent]
Il déclare

qu'il est venu	qu'il venait	qu'il vient	qu'il viendra	qu'il sera venu
[passé composé]	[imparfait]	[présent]	[futur]	[futur antérieur]

[principale au passé]
Il déclara

qu'il était venu	qu'il venait	qu'il venait	qu'il viendrait	qu'il serait venu
[plus-que-parfait]	[imparfait]	[imparfait]	[conditionnel présent]	[conditionnel passé]

Appliquer

1 En vous aidant du schéma ci-dessus, complétez ces phrases, puis transposez-les en respectant la concordance « passé ». Indiquez entre parenthèses le temps utilisé.

1. Il promet qu'il n'a rien dit. (passé composé) → Il promit qu'il .... (............)
2. Il promet .... (imparfait) → Il promit qu'il .... (............)
3. Il promet .... (présent) → Il promit qu'il .... (............)
4. Il promet .... (futur) → Il promit qu'il .... (............)
5. Il promet .... (futur antérieur) → Il promit qu'il .... (............)

S'entraîner

2 Retrouvez, pour chaque adverbe employé au discours direct, l'adverbe correspondant que l'on utiliserait au discours indirect.

1. aujourd'hui •	• **a.** la veille
2. demain •	• **b.** l'avant-veille
3. hier •	• **c.** le jour même
4. avant-hier •	• **d.** le lendemain
5. il y a deux ans •	• **e.** trois jours plus tard
6. dans trois jours •	• **f.** deux ans auparavant
7. après-demain •	• **g.** le surlendemain

3 Transposez ces paroles au discours indirect.

1. Elle lui dit : « Ne parle pas la bouche pleine ! » (2 constructions possibles.)
2. Lilian lui promet : « Demain tu pourras nous accompagner. »
3. Elle crie : « J'arrive, attends-moi ! »
4. Il répond en pleurant : « Je suis désolé. »
5. Il dit : « Venez. » (2 constructions possibles)
6. Léa leur annonça : « Tout est prêt. »
7. Michaël demande à Fabienne : « Veux-tu venir avec moi ? »
8. Théo annonce avec regret : « Je n'organiserai pas de fête cette année. »
9. Guillaume nous réveille en criant : « Le temps est magnifique ! »
10. Christian marmonne : « Je sortirai quand même ! »

4 Ces propos sont rapportés au discours direct. Récrivez-les en les rapportant au discours indirect et en les introduisant :
a. par le verbe au présent (concordance « présent ») ;
b. par le verbe au passé (concordance « passé »).
Soulignez dans les phrases obtenues les mots modifiés.

1. Marie annonce : « J'arriverai mardi prochain. »
a.
b.

2. Amina nous explique : « Je fais dorer la pâte au four avant de mettre les pommes. »
a.
b.

3. Sophie promet : « Je n'ai pas pris la clé, je ne l'ai pas cachée non plus. »
a.
b.

4. Il nous raconte : « Je marchais dans la rue principale quand j'ai aperçu cet homme que je n'avais pas revu depuis des années. »
a.
b.

5. La voyante assure à sa cliente : « Vous saurez tout sur votre avenir quand vous m'aurez donné cent euros. »
a.
b.

6. Marine dit à Louis : « Je refuse de nettoyer ton vélo, tu n'as qu'à le faire demain. »
a.
b.

5 À partir des éléments proposés, écrivez à chaque fois une phrase qui rapportera les paroles au discours indirect.

1. Chantal promet/demain préparer un gâteau à la crème/si sa petite-fille vient.
2. Justine avait dit/venir avec nous jeudi/même si avoir beaucoup de travail.
3. Vous nous avez assuré/préparer les skis hier/être prêts à partir/si neiger.

32 Les consonnes finales muettes

Observer et retenir

- De nombreux mots de notre langue se terminent par une ou plusieurs consonnes muettes, c'est-à-dire que l'on n'entend pas.
Exemples : galop, prompt, bourg, etc.

- Pour trouver la lettre finale d'un nom, il faut très souvent :
– chercher un de ses dérivés : sport → sportif ; accord → accorder ;
– former le féminin : boulanger → boulangère ; roux → rousse.

Appliquer

1 Trouvez le mot, terminé par une ou deux consonnes muettes, correspondant aux mots proposés. Soulignez pour chaque mot obtenu la (ou les) consonne(s) muette(s) : retrouvez-vous à chaque fois les mêmes que dans les mots proposés ?

1. champêtre → ______
2. outillage → ______
3. distinguer → ______
4. tardivement → ______
5. darder → ______
6. bourgeois → ______
7. temporiser → ______
8. camper → ______
9. sirupeux → ______
10. suspecter → ______
11. pondéré → ______
12. farder → ______

S'entraîner

2 Répondez aux questions suivantes et justifiez en donnant les mots corrects, terminés par des consonnes muettes.

1. Faut-il se mettre au régime quand on a un cor énorme ? ______ – 2. Est-il facile de passer un fil dans un chat en tremblant ? ______ – 3. Y a-t-il des bans de morues dans l'océan Arctique ? ______ – 4. Utilise-t-on des morts métalliques dans les courses hippiques ? ______ – 5. Dans quel pays la confiture de coins est-elle appréciée ? ______ – 6. Les arbres poussent-ils à flan de montagne ? ______

3 Voici des mots terminés par des consonnes muettes. Trouvez, pour chacun, deux autres mots de la même famille où l'on entend ces consonnes.

1. fond → ______
2. rat → ______
3. porc → ______
4. instinct → ______
5. persil → ______
6. accroc → ______
7. vernis → ______
8. nuit → ______
9. ras → ______
10. canot → ______
11. sort → ______
12. sept → ______
13. mépris → ______
14. drap → ______

4 Un intrus s'est glissé dans chaque liste de mots : entourez-le.

1. nez – chez – gaz – raz.
2. blanc – flanc – zinc – banc.
3. pot – lot – spot – tôt – sot – sabot.
4. veinard – vagabond – têtard – sud – tribord – rond.
5. trop – sirop – stop – galop.
6. détroit – vingt – huit – doigt – écart.
7. outil – fusil – gril – sourcil – coutil.
8. puits – corps – haras – ours – las – huis – taudis.

33 On/On n'

Observer et retenir

■ **Exemple :** Quand on ira au cinéma, on n'achètera que du pop corn.
Quand on n' précède un verbe, il y a toujours une deuxième négation qui suit (*rien, pas, jamais…*) ou que pour exprimer une restriction (*ne… que*).

Astuce : Quand le pronom indéfini on se trouve devant un verbe qui commence par une voyelle, on peut le remplacer par le pronom il pour savoir si l'on doit écrire la négation n'.

■ **Exemple :** On n'aperçoit le sommet du Mont-Blanc que depuis le balcon. → Il n'aperçoit le sommet du Mont-Blanc que depuis le balcon.

Appliquer

1 Mettez ces phrases à la forme négative en remplaçant il par on.

1. Il a le droit de faire ça. ____
2. Il accroche des portraits dans le réfectoire. ____
3. Il est sorti à quatre heures et il l'a vu. ____
4. Il a mangé ton gâteau, il te le jure. ____
5. Il a mis de la crème solaire n'importe comment. ____
6. Il accueille les touristes le dimanche soir. ____
7. Il aménage une cuisine avec des enfants. ____
8. Il apprend uniquement le japonais dans ce lycée. ____

S'entraîner

2 Complétez les phrases suivantes par on ou on n'.

1. ____ avance très lentement avec ce sac à dos chargé.
2. Hier, ____ a appris qu'une école de parapente ouvrait, mais ____ a pas su dans quelle ville du département.
3. ____ annonce l'arrivée des touristes pour le 14 juillet.
4. ____ essuiera la vaisselle que si tu nous promets une sortie à la plage !
5. ____ a appelé ta mère, mais ____ a pas pu la joindre.
6. ____ a pas changé de chaussettes depuis une semaine et ____ a pas envie d'en mettre des propres !
7. ____ arrive plus à retrouver ton fichier sur l'ordinateur ; tu veux qu'____ appelle ton frère ?

3 Même exercice.

1. ____ entendait pas le moindre bruit ; ____ dormait bien, quand soudain ____ frappa à la porte. ____ eut peur, mais lorsqu'____ écouta, ____ comprit que c'était juste le Père Noël qui ne pouvait pas passer par la cheminée.
2. Jamais ____ écoute aux portes ! ____ aura vraiment tout vu dans cette maison !
3. Comme ____ y voyait rien, ____ a pris ta lampe de poche.
4. ____ est venu pour regarder le défilé, mais ____ a rien vu ; il y avait trop de monde.
5. ____ est désolés ! ____ a pas eu le temps de ranger !
6. ____ a plus rien à manger ; ____ a pas eu le temps de faire les courses.
7. ____ y va ?
8. Courage, ____ est presque arrivés !

34 C'en/Sans/S'en

Observer et retenir

■ **Exemple :** Ils sont venus en cours sans leurs livres ? C'en est trop ! Malheureusement, les punitions, ils s'en moquent !

■ sans ≠ avec (préposition)
en

■ c'en = « cela en » (devant le verbe être, à condition qu'il ne s'agisse pas d'un verbe à la voix pronominale :
→ il s'en est occupé.)

■ s'en = « se de cela » devant un verbe à la voix pronominale.

Ne confondez pas non plus avec :
Je/tu sens bon ! Il sent la vanille.
Après la bataille, la plaine était rouge de sang.
La guerre de Cent Ans.
Sens dessus dessous.

Appliquer

1 Complétez les phrases en écrivant correctement le son [sã].

1. Il ________ est fallu de peu qu'ils ne ratent l'avion. – **2.** Mais ________ leurs valises, qu'ils n'ont pas eu le temps de prendre, ils ________ sortiront difficilement. – **3.** ________ fois, ils s'étaient promis de faire réparer leur réveil, mais ils n'ont pas eu le temps de ________ occuper. – **4.** À l'heure qu'il est, ils doivent ________ mordre les doigts, je le ________ !

2 Même exercice.

1. Cela va ________ dire. – **2.** Je ne partirai pas ________ vous ! – **3.** Prends sa raquette, puisqu'il ne ________ sert plus. – **4.** Cesse donc de dépenser ton argent ________ compter. – **5.** Il ________ raconte de belles à ton sujet... – **6.** ________ est fini de toutes vos bêtises ! – **7.** J'aimerais pouvoir jouer au tennis ________ faire d'efforts... – **8.** ________ pour ________ pure laine. – **9.** Ce footballeur est formidable ; depuis le début de la saison, il a marqué ________ buts ! – **10.** Lorsqu'on a arrêté le meurtrier, il avait encore du ________ sur les mains. – **11.** Il prétend qu'il ________ une odeur de gaz, et toi, que ________ -tu ? – **12.** ________ exagérer, je crois qu'elle devrait ________ méfier. – **13.** Il a traversé ________ faire attention et une voiture l'a heurté ________ ménagement. – **14.** Ils nous ont escroqués ________ qu'on puisse ________ douter. – **15.** Je me ________ fatigué aujourd'hui.

S'entraîner

3 Corrigez les erreurs qui se sont glissées dans ce texte et restituez les mots qui conviennent.

Sans ________ est trop ! Ma grand-mère, qui a presque cent ans, est partie en randonnée en pleine montagne s'en ________ nous prévenir. Un loup qui rôdait aurait pu la dévorer c'en ________ autre forme de procès ! Il sans ________ est fallu de peu pour qu'on la retrouve en morceaux. S'en ________ vouloir être méchant je pense qu'on l'on partira c'en ________ elle l'an prochain.

4 Même exercice.

Il c'en ________ fallut de peu pour que les sans ________ kilomètres de bouchon deviennent un enfer ! S'en ________ climatisation, c'en ________ ventilation : sans ________ était devenu une torture !

35 T'en/Tant/Temps/Tend(s)

Observer et retenir

■ **Exemple :** Je **t'en** prie, **tends** la main, mais retire-là à **temps** car les les **taons** piquent **tant** qu'il faut être méfiant.

■ **T'en** + verbe → **en**	=	de quelque chose (Je t'en parle.)
■ **Tant**	=	**tellement**, adverbe (Ils l'ont **tant** piqué.) tant pis, tant et si bien que, tant mieux, en tant que, etc.
■ Le **temps**	→	météo (Il fait beau **temps**.)
	→	qui passe (J'ai tout mon **temps**.) de temps à autre, à temps, de temps en temps, etc.

Ne confondez pas non plus avec le **taon** = grosse mouche qui pique (Le **taon** m'a piqué !)

Appliquer

1 Écrivez correctement le son [tã].

1. Il n'est pas venu, ________ pis ! – **2.** Je ________ conjure, ne jette pas ma pipe par la fenêtre. – **3.** Trop tard, il fallait arrêter à ________ ! – **4.** Nous avons oublié Papy sur l'aire d'autoroute, ________ et si bien qu'il a dû faire du stop. – **5.** En ________ que président du club, je te le dis tout net : « Vas-________ ». – **6.** De ________ à autre, un revenant apparaît et nous n'avons pas le ________ de le reconnaître. – **7.** Regarde, Mamie s'est fait piquer par un ________ ; elle a l'œil tout enflé. « Ne ________ fais pas, Mamie, nous arriverons à l'hôpital à ________ ». – **8.** Des moules ? Je ________ commande vingt kilos. – **9.** Prends ton ________ ! – **10.** Pourquoi voulez-vous ________ vous dépêcher ? Parce qu'un ________ géant nous poursuit pour nous sucer le sang. – **11.** Il est ________ que nous quittions ce camping ; sous la pluie, le ________ passe lentement et, sous le soleil, les ________ font des ravages. – **12.** De l'argent, je ________ dois, mais pour te le rendre, je prendrai mon ________ ! – **13.** Le chien m'a mordu ! ________ pis, tu n'avais qu'à lui parler correctement ! – **14.** ________ de discours pour ________ débarrasser ! Tu crains ________ ta belle-mère ? – **15.** Quel ________ de chien ! – **16.** Avec le ________, tout s'arrange… – **17.** Je ne comprends pas pourquoi elle m'a quitté ; nous nous sommes ________ aimés !

S'entraîner

2 Indiquez pour chaque phrase combien il y a de façons possibles d'écrire le son [tã] et écrivez-les.

1. Le [tã] jouera pour nous. ________ – **2.** Peggy s'assit sur une chaise et observa le [tã] ________ – **3.** Le [tã] passe sans que nous puissions rien faire ________ – **4.** « Le gros [tã] parlera », dit-il d'une voix pleine de mystère. ________

3 Des erreurs ont parfois été commises en écrivant le son [tã]. Rétablissez la bonne orthographe quand cela est nécessaire.

1. Pourquoi temps de haine ? – **2.** Ce que vous m'apportez là est formidable ; je n'en demandais pas t'en ! – **3.** Tu t'en vas ou tu restes ? – **4.** Le fil de ta canne se tant ; tu as probablement atttrapé un gros poisson. – **5.** Il ne tant faut pas beaucoup pour que tu te mettes en colère ! – **6.** Ne tant fais pas, ta sœur sera là à l'heure ; ce train arrive toujours à tant. – **7.** Les taons l'ont taon piqué que quand il taon la main, on a l'impression qu'il taon une raquette… mais ne taon fais pas, avec le taon, il guérira !

____

____

____

____

36 Plus tôt/Plutôt ; Prêt/Près

Observer et retenir

Plus tôt/Plutôt

Ne confondez pas **plus tôt**, contraire de **plus tard** (exemple 1) avec **plutôt** (exemple 2), qui marque la **préférence**.

Exemple 1 : Nous sommes arrivés plus tôt que prévu.
Exemple 2 : Plutôt dormir que travailler !

Prêt/Près

Prêt est un **adjectif qualificatif** qui s'accorde en genre et en nombre (*les enfants sont* ***prêts*** *; les filles sont* ***prêtes***) et qui signifie : disposé, préparé.

Exemple 3 : Alors que j'étais prêt à plonger, un gros requin est apparu.

Près est une préposition qui marque la **proximité** dans l'espace (ou le temps).

Exemple 4 : Le requin est resté près de notre embarcation.

Attention ▸ **Près de** peut introduire un infinitif, et indiquer que l'action est imminente. La locution est très souvent à la forme négative : *Nous ne sommes pas près de nager dans ces eaux.*

Appliquer

1 Choisissez : prêt(e) ou près.

1. Emma était .... de moi pendant la visite des ateliers de cet artisan créateur de bijoux. – 2. Elle était .... à acheter toutes les boucles d'oreilles. – 3. Son mari, lui, n'était pas .... ; il repoussa le vendeur trop .... d'elle à son goût ! – 4. Mais en quittant l'atelier, Emma passa .... d'une superbe parure et l'acheta sans demander l'avis de son mari. – 5. En sortant, ce dernier dit qu'il n'était pas .... de revenir.

S'entraîner

2 Complétez le texte suivant par prêt(e)(s) ou près.

Tous les touristes étaient .... : le sac sur le dos et les chaussures de marche bien lacées, ils savaient tous qu'ils allaient pouvoir s'embusquer .... d'un gorille. Mais après quatre heures de marche, certains n'étaient plus tout à fait .... à continuer ; c'est en passant .... d'un point d'eau que trois d'entre eux décidèrent d'arrêter la randonnée. Il était .... de onze heures et la fatigue décourageait ceux qui reconnaissaient n'être pas suffisamment .... pour ce genre d'exercice. Toutefois, un grognement .... du bosquet rendit à chacun la force nécessaire pour s'approcher délicatement. Les touristes abasourdis se trouvaient .... d'un grand mâle qui mangeait paisiblement.

3 Choisissez : plus tôt ou plutôt.

1. En vacances, je préfère aller à la mer .... qu'à la montagne. – 2. Prenez .... un labrador ; ce chien est propre .... que les autres. – 3. Tu ferais bien de te taire .... que de dire des âneries ! – 4. .... elle se lèvera, ... elle sera prête ! – 5. Pour avoir une place, il fallait arriver .... ! – 6. .... que de rêver, si tu t'étais mis au travail ...., tu aurais réussi ton examen ! – 7. Lave la vaisselle .... que de regarder la télévision !

37 Sur/Sûr

Observer et retenir

■ **Exemple :** J'étais sûr que nous trouverions la pizza sur sa table de chevet !
Sûr signifie **certain**, assuré ; tandis que **sur** a le sens de : **au dessus**, parmi, près de, autour de, en direction de, d'après.

Ne confondez pas **sûr**, **adjectif qualificatif** qui s'accorde en genre et en nombre (*nous sommes **sûrs** ; elles sont **sûres***) avec **sur**, **préposition** qui marque la position, la direction (*le nuage se dirige **sur** Paris*), exprime un rapport logique (*on me jugera **sur** les faits*) ou encore a une valeur temporelle (*elle est arrivée **sur** le coup de onze heures*).

Remarque ▶ On rencontre parfois **sur(e)**, adjectif qualificatif qui signifie *aigre, acidulé* (*Ma grand-mère utilise les pommes sures pour préparer la compote*).

Appliquer

1 Dans les phrases suivantes, dites si sur/sûr est une préposition (P) ou un adjectif qualificatif (AQ).

1. Ilan a voulu grimper sur (……) ce poney sans être sûr (……) de son caractère.
2. Évidemment, il s'est retrouvé sur (……) le derrière.
3. Le commissaire n'est pas sûr (……) que l'assassin ait laissé des empreintes sur (……) les vitres et les portes.
4. Pose cette tasse sur (……) le bar et rejoins-nous sur (……) le balcon.
5. Lors de la finale, le perchiste n'était pas sûr (……) de son coup, il a préféré miser sur (……) une médaille de bronze.

S'entraîner

2 Complétez le texte suivant par sur ou sûr(e)(s).

Lorsque les randonneurs furent …… le point de partir, ils durent vérifier que leur matériel était …… .
Paolo posa son sac …… le rebord du pont et Mattia, qui ne semblait plus …… de sa lampe frontale, commença à la démonter ; Vadim s'assit …… le trottoir pour ôter un gravier de sa chaussure.
Le guide, en les observant, était de moins en moins …… de pouvoir les emmener …… le glacier.
Et il eut raison : être …… le départ ne veut pas dire être parti.
Le sac de Paolo tomba …… la tête de Mattia, qui hurla …… son frère !
…… ces entrefaites, le chien arriva et s'empara de la chaussure de Vadim, lequel commença à pleurer !
Seul Tom ne fit pas de bêtise ; la chose est …… : il venait de s'endormir …… l'épaule de sa sœur Lou.

3 Même exercice.

Boulogne-……-Mer est le premier port de pêche de France, c'est …… .
De gros chalutiers débarquent quotidiennement des tonnes de poissons …… les quais pour le plus grand plaisir des badauds ; mais dans cette ville, on peut aussi mettre la main …… le dos de raies ; à Nausicaa, l'un des plus grands aquariums d'Europe, les enfants sont …… de pouvoir caresser des poissons ; un poulpe géant vient aussi de rejoindre les hôtes de ce lieu fascinant et mystérieux.

38 Les/L'ai

Observer et retenir

■ **Exemple 1 :** Les écouteurs que vous m'avez vendus ne fonctionnent pas ; je vous les rends.
Déterminant défini — Pronom personnel

Dans « Les écouteurs » : **les** est un déterminant défini qui précède un nom ou un groupe nominal et ne peut pas s'employer seul.
Dans « je vous les rends » : **les** est un pronom personnel mis pour un nom (il reprend ici « écouteurs ») ; il est COD.

■ **Exemple 2 :** Mon VTT ? Je l'ai gagné à une loterie ; mais ma moto je l'ai achetée.
Dans « je l'ai gagné », **l'ai** est construit à partir du pronom masculin **le**, mis pour **VTT**, suivi de l'auxiliaire **avoir** à la première personne (**ai**) ; **l'** est COD (comme on ne peut pas dire « je **le ai** gagné », il y a élision du **e** devant la voyelle **a**, ce qui donne **l'ai**).
Il en va de même dans « je l'ai achetée », mais le pronom **l'** mis pour **moto** est ici féminin. Le COD étant placé devant l'auxiliaire **avoir**, l'accord est nécessaire, c'est pourquoi le participe s'écrit « achet**ée** ».

Appliquer

1 Dans les phrases suivantes, dites si les est déterminant (D) ou pronom (P).

1. Les (____) perroquets ne sont pas bavards. – **2.** Je les (____) ai peut-être effrayés. – **3.** Les visiteurs ne les (____) comprennent pas. – **4.** Les (____) perroquets n'ont pas envie de parler en présence d'inconnus. – **5.** Je les (____) comprends ; ils s'ennuient. – **6.** Il faut sans doute les (____) stimuler !

S'entraîner

2 Complétez par les ou l'ai.

1. ______ musiciens sont arrivés ______ premiers ; je ______ ai reçus sans savoir qui étaient ______ plus connus ; ce sont ______ techniciens qui m'ont présenté ______ membres du groupe ; en ce qui concerne le chanteur, je ______ emmené à sa loge et je ______ guidé dans notre belle ville. – **2.** ______ petits poissons, je ______ ai mangés crus, mais le saumon, je ______ cuit. – **3.** Lorsque le gorille a franchi ______ grilles du zoo, je ______ photographié, mais ______ journaux n'ont pas voulu acheter ______ photos.

3 Dans les phrases suivantes, dites si le pronom l' est féminin ou masculin, en vous appuyant notamment sur l'accord du participe passé.

1. La carbonnade, je l'ai cuisinée moi-même. ________________
2. Je l'ai capturé seule, ce renard. ________________
3. Je ne l'ai pas dénoncée, elle était innocente à mes yeux. ________________
4. Je l'ai vu hier soir, il partait avec son amie au concert. ________________
5. Je l'ai avertie mais elle est partie skier sans gants ! ________________

4 Complétez par les ou l'ai en observant le groupe de mots souligné pour vous aider.

Exemple : Ces forêts que tu découvres, je **les** connais par cœur.

1. Les tablettes numériques que vous vendez, nous ______ trouvons excessivement chères. – **2.** Ses palmes et son masque ? Elle ______ a oubliés à la plage. – **3.** Son goûter ? Je crois que je ______ mangé. – **4.** Il a organisé une fête pour ses amis ; ils ______ a invités dans un parc d'attraction. – **5.** Regarde cette grosse truite ; je ______ pêchée à la main ! – **6.** Je suis allé voir le dernier film de ton frère ; je ______ trouvé particulièrement passionnant. – **7.** Mon chien refuse d'avancer sur le boulevard ; je ______ pourtant habitué au bruit, je ne comprends pas.

39 Quand/Quant/Qu'en

Observer et retenir

■ **Exemple 1 :** **Quand** tu sortiras, pourras-tu acheter du pain ?
Exemple 2 : Mes parents arriveront dans la journée ; **quant** à ma sœur, elle sera là demain.
Exemple 3 : J'ai peint un tableau : **qu'en** penses-tu ?
Exemple 4 : Il me semble **qu'en** persévérant, tu réussirais.
Exemple 5 : Je ne bois **qu'en** mangeant.

■ **Quand** → **lorsque**, à quel moment (exemple 1) + quand même, quand bien même.
Quant à → **en ce qui** me, te, le … **concerne** (exemple 2).
Qu'en → **que** ou quoi **de cela**, de ceci (exemple 3).
→ **que en** (exemple 4).
Ne qu'en → **seulement en**, uniquement en (exemple 5).

Appliquer

1 Dans les phrases suivantes, notez s'il faudrait employer quand, quant à ou qu'en à la place des expressions soulignées.

1. Lorsqu'il fait beau, nous allons à la mer. ____________
2. À quel moment viens-tu ? ____________
3. Agathe partira en train ; en ce qui te concerne, tu prendras ma voiture. ____________
4. Ton jardin est rempli de citrouilles, que fais-tu de celles-ci ? ____________
5. Je ne sais que faire de toutes ces moules. ____________
6. Je ne m'éloigne pas, je vais seulement en face ! ____________

S'entraîner

2 Même exercice, mais en devinant les expressions à remplacer.

1. Lorsqu'il pleut, les escargots sortent. ____________
2. Ton histoire est étrange, je ne sais que penser de celle-ci. ____________
3. En ce qui vous concerne, vous irez au lit de bonne heure ! ____________
4. Que fais-tu de ce gâteau ? ____________

3 Complétez les phrases avec quand, quant à ou qu'en.

1. Les chatons ne naîtront ____________ juillet.
2. ____________ il dort, il ronfle !
3. Tu ne ronfles ____________ dormant.
4. ____________ la mer est basse, je ramasse des coquillages.
5. En ville, tout le monde parle de cet événement : ____________ dit-on chez vous ?
6. ____________ partez-vous ?
7. N'empruntez cette issue de secours ____________ cas d'extrême urgence.
8. ____________ vous aurez lu ce document, je vous dirai ____________ faire.
9. Je veux bien jouer ; ____________ à travailler, cela ne m'intéresse pas.
10. Méfie-toi ____________ même !

40 Le pluriel des noms composés

Observer et retenir

- des chiens-loups → nom + nom : les deux noms s'accordent.
- des petites-filles → adjectif + nom : l'adjectif et le nom s'accordent.
- des sourds-muets → adjectif + adjectif : les deux adjectifs s'accordent.
- des avant-gardes → adverbe + nom : l'adverbe est invariable, seul le nom s'accorde.
- des tire-bouchons → verbe + nom : le verbe est invariable, seul le nom s'accorde.

Attention ▸ Sont invariables :
– les adjectifs **nu** et **demi** lorsqu'ils sont placés devant le nom : une **demi**-heure, des **nu**-pieds.
– les adjectifs en **o** (forme abrégée) : les îles **anglo**-normandes.
– certains noms fonctionnant comme des **compléments du nom** ou dont **le sens exclut le pluriel** : des abat-**jour**, des arcs-en-**ciel**.

Appliquer

1 Écrivez les mots entre parenthèses au pluriel, en choisissant d'accorder ou pas.

Pour être sûre de se réveiller, elle avait mis deux (réveille-matin) .... sur chacune des (table de nuit) .... et préparé les (sous-vêtement) ...., les (maillots de bain) ...., les serviettes dans les (sac à dos) .... Elle avait prévenu ses (beau-frère) .... qui étaient (maître-nageur) .... qu'elle les rejoindrait à la plage. Comme c'était une plage privée, il fallait des (laissez-passer) .... ; elle les avait posés dans un des (vide-poches) .... de l'entrée. Elle emmenait ses (petit-cousin) ...., dont l'un des (passe-temps) .... favoris était de cacher tout ce qu'ils trouvaient…

Quand elle se leva le lendemain, elle ne les trouva pas ; ils n'étaient pas non plus dans le tiroir où elle rangeait habituellement ses (porte-monnaie) .... Les enfants les avaient cachés derrière des (lit de camp) .... rangés dans un placard. Elle prit donc du retard et rata son rendez-vous. Depuis les (plate-forme) ...., en bord de mer, on voyait des hommes avec des (haut-parleur) .... ; un peu plus loin, deux (garde-pêche) .... regardaient au loin les (hord-bord) .... glisser sur la mer et les (cerf-volant) .... voltiger dans le ciel. Le soleil brillait et faisait étinceler les (pare-choc) ...., les vendeurs de (croque-monsieur) .... et de (glace à l'italienne) .... s'installaient, alors qu'un vieux pêcheur faisait déjà griller des (poisson-chat) .... Un passant, ébloui, semblait faire des (clin d'œil) .... Enfin, elle aperçut ses (beau-frère) ...., leur fit signe et ils purent entrer.

S'entraîner

2 Transformez ces phrases en mettant le nom composé au pluriel.

1. Ce chien-loup me fait peur. ....
2. Son passe-temps préféré ne me séduit pas. ....
3. Le petit-gris est un escargot. ....
4. Le lève-glaces de la voiture est cassé. ....
5. Le chewing-gum est interdit en classe. ....
6. Utilise un bloc-notes. ....

41 L'accord du participe passé

Observer et retenir

Verbes non pronominaux

Exemple 1 : La mer est démontée ce matin.
Exemple 2 : J'ai vu des baleines.
Exemple 3 : Décris-moi les baleines que tu as vues !

Pour savoir si on accorde ou pas le participe passé, on repère l'auxiliaire :
- employé avec l'auxiliaire **être**, le participe passé s'accorde en genre et en nombre avec le sujet (exemple 1) ;
- avec l'auxiliaire **avoir**, pas d'accord avec le sujet. Il faut repérer le C.O.D. (s'il y en a un, bien sûr) :
– si le C.O.D. est placé après le participe, on n'accorde pas (exemple 2),
– si le C.O.D. est placé avant le participe, on accorde celui-ci en genre et en nombre avec le C.O.D. (exemple 3).

Pour résumer :
- auxiliaire **être** : accord avec le **sujet** ;
- auxiliaire **avoir** : accord avec le **C.O.D. s'il est placé avant le participe passé**.

Verbes pronominaux

Exemple 4 : Elle s'est enfuie.
Exemple 5 : Ces voitures se sont bien vendues.
Exemple 6 : Elles se sont vues.
Exemple 7 : Chantal s'est offert des fleurs.
Exemple 8 : Voici les fleurs qu'elle s'est offertes.

- Avec un verbe **essentiellement pronominal** (*cf.* fiche 18), le participe **s'accorde toujours avec le sujet** (exemple 4).
- Avec un verbe **pronominal de sens passif**, le participe **s'accorde toujours avec le sujet** (exemple 5).
- Avec les **autres verbes pronominaux** :
– quand le pronom réfléchi « se » est C.O.D., le participe s'accorde avec le sujet (exemple 6) ;
– quand le C.O.D. est différent du pronom réfléchi « se », le participe s'accorde avec le C.O.D. seulement quand ce C.O.D. est placé devant (exemples 7 et 8).

Appliquer

1 Les verbes suivants sont-ils pronominaux ?

	oui	non
1. Nous nous asseyons.		
2. Je me suis aperçu dans le miroir.		
3. Tu te plains toujours !		
4. Tu me plais beaucoup.		
5. Se plaît-elle ici ?		

	oui	non
6. Elle le lui a dit.		
7. S'en est-il emparé ?		
8. Je le lui ai lavé.		
9. Elle l'a aidé.		
10. Tu te moques !		

S'entraîner

2 Écrivez correctement les participes passés des verbes entre parenthèses (il s'agit de verbes non pronominaux).

1. Vous n'avez pas (croire) .... bon de vous occuper de mes poules alors que je vous les avais (confier) .... ; elles sont toutes (anémier) .... et trois ont (glousser) .... de tristesse jusqu'à midi ! – **2.** Tu as (accepter) .... de rencontrer une deuxième fois les fantômes que je t'avais (présenter) .... ; ils sont (émouvoir) .... ; nous ne serons pas (decevoir) .... – **3.** Les coquillages que j'ai (ramasser) .... sont si jolis que j'ai (décider) .... de les offrir à mes poissons rouges. – **4.** Les salades ? Je les avais (repiquer) ...., (arroser) ...., (entretenir) .... avec amour ! Mais ton père a (renverser) .... le désherbant qui les a toutes (griller) ....

3 Employez, en les conjuguant au passé composé de l'indicatif, les verbes suivants dans des phrases, d'abord au sens réfléchi, puis au sens réciproque.

Exemple : se battre → sens réfléchi : Je me suis battu pour arriver en finale. → sens réciproque : Ces chiens se sont battus à mort.

1. s'admirer → sens réfléchi : .... → sens réciproque : ....

2. se plaire → sens réfléchi : .... → sens réciproque : ....

4 Conjuguez les verbes pronominaux des phrases suivantes aux temps composés de l'indicatif indiqués entre parenthèses.

1. Nos avions s'envoleront à six heures. (futur antérieur) ....
2. Tu t'achètes souvent des serpents. (passé composé) ....
3. Les supporters s'emparent des meilleures places. (passé composé) ....
4. Nous nous confiions à l'ogre sans le savoir. (plus-que-parfait) ....
5. Vous amusez-vous bien avec nous ? (passé composé) ....
6. Il se voient, ils se plaisent, ils se marient. (passé composé) ....

5 Écrivez correctement les participes passés entre parenthèses (il s'agit de verbes pronominaux).

1. Vous vous êtes (acheté) .... des gaufres. – **2.** Des faits bizarres s'étaient (déroulé) .... pendant notre séjour. – **3.** Nous nous sommes (téléphoné) .... – **4.** La perdante s'est (confié) .... aux journalistes : « Je me suis (aperçu) .... de mon errreur trop tard. » – **5.** Les candidats se sont (succédé) .... à vive allure. – **6.** L'erreur qu'ils se sont (reproché) .... est à l'origine de l'accident. – **7.** Ses disques se sont (vendu) .... à des millions d'exemplaires. – **8.** Tes enfants se sont encore (battu) .... pour des vétilles. – **9.** Nous nous sommes (confié) .... des secrets familiaux. – **10.** La soucoupe volante s'est (immobilisé) .... et des petits hommes verts se sont (présenté) .... à l'agriculteur. – **11.** Ils se sont (dit) .... des horreurs ! – **12.** Les Vénusiens se sont (arrêté) .... sur Mars pour réparer leur soucoupe. – **13.** Nicolas et Maxime se sont (empiffré) .... de chocolats et maintenant ils sont malades ! – **14.** En cherchant des champignons, nous nous sommes (perdu) .... dans les bois.

6 Accordez les participes passés entre parenthèses comme il convient.

1. (Posé) .... en travers, la grande table occupait une position centrale.
2. Avant d'entrer, je cherchai mes gants ; ils étaient (resté) .... dans ma valise.
3. L'homme n'avait pas (bougé) .... ; la femme devait être (penché) .... sur une table.
4. Ils se sont (parlé) .... longuement.
5. Les valises que j'avais (laissé) .... à la gare furent (récupéré) .... par mes neveux.
6. Pauline avait (décidé) .... de porter la robe bleue qu'elle avait (acheté) .... à Paris.
7. Nous avons (déjeuné) tranquillement puis nous sommes (allé) .... nous promener le long du canal. Sur le chemin, le gamin nous a (déclaré) .... qu'il nous avait bien (eu) ....
8. Ces mots, je les avais (entendu) .... si souvent qu'ils finissaient par ne plus rien vouloir dire.
9. Marie et sa cousine sont (venu) .... à la maison ; elles ne t'ont pas (trouvé) .... et elles sont (reparti) .... aussitôt.
10. Les poires n'étaient pas mûres, je n'en ai pas (acheté) ....
11. Les années se sont (succédé) .... ; je n'ai pas cherché à te revoir.
12. Elle a (lu) .... tous les romans que je lui avais (prêté) ....

LES PRINCIPALES FONCTIONS

Fonction	Exemple	Remarques
Sujet	**Le chat** s'est sauvé !	Le sujet est en général devant le verbe, mais il peut être inversé : « Reviens ! » dit-il.
Épithète	J'ai un chat **magnifique** !	L'épithète est placé avant ou après le nom (pas de ponctuation).
Attribut du sujet	Ce chat est **magnifique**. Vous semblez **très occupés**.	L'attribut est placé après un verbe d'état : être, paraître, sembler, rester, etc. Il donne une information sur le sujet.
Apposition	**Vexée**, elle est partie.	L'apposition est séparée du nom ou du pronom par une virgule ou deux points.
Complément du nom	C'est un chat **de race**. Raconte-nous la suite **de l'histoire** !	Le complément du nom est en général lié au nom ou au G.N. par une préposition. Il ne s'accorde pas avec le nom ou le G.N. qu'il suit.
Complément de l'adjectif	Tu es digne **d'éloges**. Je suis sûre **qu'elle sera en retard**...	Le complément de l'adjectif détermine l'adjectif et ne peut pas être supprimé sans modifier le sens de la phrase. Il peut être G.N., pronom, verbe à l'infinif, proposition subordonnée.
C.O.D.	J'aime **les chats**. Désolée, je **vous** ai oublié !	Le C.O.D. se trouve le plus souvent après le verbe, sauf lorsqu'il s'agit des pronoms : me, te, se, la, le, les, l', nous, vous, que.
Attribut du C.O.D.	Je trouve ce gâteau **délicieux**.	L'attribut du C.O.D. est mis en relation avec le C.O.D. par un verbe transitif. Il donne une information sur le C.O.D.
C.O.I.	Il se moque de **moi**... Je m'**en** moque !	Le C.O.I. se trouve le plus souvent après le verbe, sauf lorsqu'il s'agit des pronoms : lui, leur, nous, vous. Il est introduit par une préposition (sauf certains pronoms).
C.O.S. (appelé aussi complément d'attribution ou C.O.I. second)	J'ai donné un chaton **aux voisins**. Je t'interdis **de sortir**.	Le C.O.S. est un 2e complément d'objet ; on le rencontre avec un C.O.D. ou un C.O.I. Il peut désigner à qui ou pour qui on fait l'action (on parle alors de complément d'attribution).
Complément d'agent	Il est aimé de **tous**. Il est admiré par **tous**.	Le complément d'agent se trouve dans la phrase à la voix passive. Il est introduit par les prépositions *par* et *de*.
Apostrophe	**Hélène**, range ta chambre !	On interpelle.
Complément circonstanciel de temps	**La semaine prochaine**, j'aurai mon scooter.	Le complément circonstanciel est déplaçable et, le plus souvent, supprimable. Il se construit avec ou sans préposition. Il indique les circonstances de l'action : ici il indique le temps et répond à la question « quand ? ».
Complément circonstanciel de lieu	J'ai acheté mon scooter **dans ce magasin**.	Le complément circonstanciel de lieu indique l'endroit où se déroule l'action. Il répond à la question « où ? ».
Complément circonstanciel de manière	Je l'attends **avec impatience**.	Le complément circonstanciel de manière indique de quelle manière se déroule l'action. Il répond à la question « comment ? ».
Complément circonstanciel de moyen	J'ai acheté ce scooter **avec mes économies**.	Le complément circonstanciel de moyen indique le moyen à l'aide duquel l'action s'accomplit. Il répond à la question « au moyen de quoi ? »/« à l'aide de quoi ? ».
Complément circonstanciel de cause	**Par tes bêtises**, tu nous a fait punir ! Il est aphone **à cause d'une angine**.	Le complément circonstanciel de cause indique la raison de l'action et répond à la question « pourquoi ? ».
Complément circonstanciel de conséquence	Il est bête **à manger du foin**. Il est si étourdi **qu'il s'est trompé de maison** !	Le complément circonstanciel de conséquence indique l'effet provoqué par l'action. On le trouve très souvent dans les phrases complexes.
Complément circonstanciel de comparaison	Il est malin **comme un singe**. Il passa devant nous **comme s'il ne nous avait pas vus**.	Le complément circonstanciel de comparaison souligne une ressemblance ou une différence ; il est introduit par une préposition (ou locution prépositive) dans les phrases simples, par une conjonction de subordination dans les phrases complexes.
Complément circonstanciel d'opposition	Il se baigne **malgré l'eau froide**. Il se baigne **bien que l'eau soit froide**.	Le complément circonstanciel d'opposition exprime une contradiction entre deux faits. Dans la phrase simple, c'est un groupe prépositionnel ; dans la phrase complexe, une proposition subordonnée conjonctive ou participiale.